本书受

江西省社会科学基金项目"技术并购与上市公司高管激励机制

华东交通大学教材（专著）出版基金资助

基于并购的开放式创新与企业高管薪酬激励研究

JIYU BINGGOU DE
KAIFANGSHI CHUANGXIN YU QIYE GAOGUAN
XINCHOU JILI YANJIU

郑雅君　著

中国财经出版传媒集团

经济科学出版社

Economic Science Press

图书在版编目（CIP）数据

基于并购的开放式创新与企业高管薪酬激励研究 /
郑雅君著 . —北京：经济科学出版社，2021.12
ISBN 978 - 7 - 5218 - 3155 - 9

Ⅰ.①基… Ⅱ.①郑… Ⅲ.①企业 - 管理人员 - 劳动
报酬 - 激励制度 - 研究 Ⅳ.①F272.92

中国版本图书馆 CIP 数据核字（2021）第 249237 号

责任编辑：周胜婷
责任校对：刘　昕
责任印制：张佳裕

基于并购的开放式创新与企业高管薪酬激励研究
郑雅君　著
经济科学出版社出版、发行　新华书店经销
社址：北京市海淀区阜成路甲 28 号　邮编：100142
总编部电话：010 - 88191217　发行部电话：010 - 88191522
网址：www.esp.com.cn
电子邮箱：esp@ esp.com.cn
天猫网店：经济科学出版社旗舰店
网址：http://jjkxcbs.tmall.com
北京季蜂印刷有限公司印装
710×1000　16 开　12.25 印张　200000 字
2021 年 12 月第 1 版　2021 年 12 月第 1 次印刷
ISBN 978 - 7 - 5218 - 3155 - 9　定价：75.00 元
（图书出现印装问题，本社负责调换。电话：010 - 88191510）
（版权所有　侵权必究　打击盗版　举报热线：010 - 88191661
QQ：2242791300　营销中心电话：010 - 88191537
电子邮箱：dbts@ esp.com.cn）

前　言

　　创新是经济高质量发展的必然要求，是国家实现高水平自立自强的核心基础，也是企业保持竞争优势的重要动力源泉。在深刻变化的国内外环境影响下，企业在提升创新能力上有了更大的主动性，在创新投入上不断加强、在创新模式上不断出新。近年来，创新的手段已经不再局限于传统意义上的自建式创新，随着资本市场的不断发展，并购作为开放式创新的一种重要方式在当前开放共享的发展环境下被更广泛地应用，以并购为手段的开放式创新也由技术并购向更广义创新资源的获取扩展，基于并购的开放式创新逐渐成为企业所选择的一种重要的创新模式。

　　完善合理的创新激励机制对于激发研发人员创新积极性、保障创新机制有效运行、提升企业创新效率具有重要意义，任何一种创新模式的高效运行首先需要设计与之相适应的创新激励机制，这也是公司财务领域的重要研究方向。现有研究主要立足于自建式创新的背景，广泛探讨了以薪酬激励契约为主要形式的创新激励的决定机制与优化机制。本研究所关注的基于并购的开放式创新，即以获取和利用外部创新资源为目标并以并购为实现手段的开放式创新模式，其在创新主体、创新风险特征、创新绩效形成机制方面与自建式创新均有明显差异。但尚未有研究基于并购的开放式创新的特殊性，深入考察高管薪酬激励契约的决定机制与设计原则。本研究将通过考察基于并购的开放式创新模式对高管薪酬激励的影响，揭示基于并购的开放式创新模式下的高管薪酬契约决定机制，以期对企业创新激励机制的相关研究做出一定补充。

　　本研究在分析基于并购的开放式创新特征的基础上，将基于并购的开放式创新特征嵌入创新薪酬激励机制设计分析框架，提出了基于并购的开放式创新模式下的高管薪酬激励理论框架，并以沪深 A 股上市公司为样本进行了实证检验，研究发现基于并购的开放式创新能够显著影响高管薪酬契约的特征，与自建式创新模式下的创新激励机制相比，基于并购的开放式创新模式下的高管薪酬契约设计原则、薪酬制定规律有着明显不同。基于并购的开放式创新作为一种外部创新资源内部化的创新范式，较之自建式创新具有创新成果不确定性低、创新产出周期短、创新贡献主体在职务体系中上移的特点，并由此决定了基于并购的开放式创新模式下激励政策向高管倾斜且注重短期激励效应的基本特征，以及提升高管薪酬水平、增加薪酬业绩敏感性、扩大高管—员工垂直薪酬差距、向高管倾斜股权激励的薪酬激励契约的制定方式。

　　本研究揭示了在基于并购的开放式创新模式下，基于创新风险缓解效应存在以高薪酬业绩敏感性为特征的薪酬契约优化机制，丰富了创新视角下高管薪酬契约决定机理的研究；基于高管作为创新贡献核心主体的视角，揭示了企业创新与薪酬差距的关系机制，弥补了已有从薪酬差距对低薪酬获得者的立场进行分析所存在的局限性，丰富了创新激励机制下的高管薪酬契约决定机理的研究，并基于高管起决定性作用的特殊性创新背景，揭示了以薪酬为主的显性激励与高管权力获得为主的隐性激励之间替代效应的决定机制，扩展了高管薪酬决定机制的研究。同时，本书所揭示的基于并购的开放式创新对高管激励契约的影响机理，对企业根据不同创新投资模式制定差异化的高管激励机制具有一定的指导意义。

目录

第1章

引　言

1.1　研究背景

1.1.1　现实背景

创新是影响国家竞争力的重要因素，经济学理论认为创新是经济增长的核心动力，而企业是创新的关键主体，依靠创新提高企业效率是实现宏观经济持续健康发展最重要的途径之一。创新能力既是促进经济持续增长的关键动能，也是企业在复杂经营形势中保持竞争优势的重要动力源泉。提升企业创新能力是立足新发展阶段、贯彻新发展理念、构建新发展格局的必然要求，也是全面建设社会主义现代化国家的关键路径。党的十九大报告强调"创新是引领发展的第一动力，是建设现代化经济体系的战略支撑"。党的十九届五中全会强调，要坚持创新在我国现代化建设全局中的核心地位，把科技自立自强作为国家发展的战略支撑。国家"十四五"规划也将"坚持创新驱动发展，全面塑造发展新优势"作为开启全面建设社会主义现代化国家新征程的一项重要任务进行部署，并提出要"完善技术创新市场导向机制，强化企业创新主体地位，促进各类创新要素向企业集聚"。由此可见，如何提升企业的创新能力，是关乎国家高质量发展与企业高质量发展的重要问题，尤其是在当前创新体制机制不断改革创新的大背景下，这一问题的重要性尤显突出。

作为创新主体的企业如何获取创新能力？企业通过创新投资进行自建式创新是企业进行创新活动的一种主要形式，也是关于企业创新投资研究关注的焦点。然而，创新并不是一个闭门造车的过程，产业创新变得更加开放，要求企业改变创新管理的方式，外部创新资源的作用越来越突出，外部市场支持企业创新的渠道也越来越多，前景更加广阔（Naqshbandi et al.，2019）。同时，在解决关键技术"卡脖子"问题方面，以自建式创新为主要形式的自主创新固然重要，但是通过并购等方式获取技术基础也同样对于提升自主研发能力具有重要意义，并且开放式创新在促进技术扩散等方面也有着显著的优势。因此，通过跨组织边界的创新资源流动与管理利用外部创新资源的开放式创新模式被越来越多的企业所选择（De Beule and Van Beveren，2019；Alexy and George，2013；Cammarano et al.，2017a；Crespin-Mazet et al.，2013；Lichtenthaler and Lichtenthaler，2009；易锐、夏清华，2018；赵凤等，2016），并被认为是独特技术能力的潜在来源，以及长期竞争优势的驱动因素（Chesbrough，2006）。提升创新能力是企业并购的重要动机（Hart and Holmström，2010；徐经长等，2020），同时通过以并购为主要方式的开放式创新，能帮助企业迅速获取缺乏的技术与资源（孙林杰等，2016）。通过并购方式获得支持企业提升创新能力的创新资源，或实现企业创新目标，这种创新方式称为"基于并购的开放式创新"（于开乐、王铁民，2008；王艳等，2016；徐慧琳等，2019）。因此，企业创新活动并不完全依赖于自建，企业的创新模式不再局限于自建式创新投资，与外部进行创新资源交换的开放式创新模式也成为企业创新的重要模式；随着资本市场的不断发展，并购作为开放式创新的一种重要方式在当前开放共享的发展环境下被更广泛地应用，并且以并购为手段的开放式创新也由技术并购向更广义创新资源的获取扩展，基于并购的开放式创新逐渐成为企业所选择的一种重要创新模式。这与国家"十四五"规划中提出的通过市场机制向企业汇聚创新要素的导向有着高度的契合性。

目前已有大量上市公司通过并购的方式获取创新资源、提升创新能力，从企业外部获取技术来加快新技术的获得速度，并降低创新成本。上海证券交易所 2018 年也明确表示重点支持新技术、新业态、新产品通过并购重组等方式进入上市公司。并购已经成为企业实现创新的重要手段。例如，2016 年 5 月 19 日，美的集团发布公告，对库卡集团发起全面要约收购，以有效缓解公司发展受到机器人技术的制约，满足依赖自身创新投资短期内不能够满足对机器人技术的需求。通过并购方式与库卡的合作，迅速推进了美的"智慧家居"大战略的发展。① 又如，2016 年西门子以 45 亿美元的价格收购美国自动化软件公司明导国际（Mentor Graphics），此举旨在通过引进设计、测试、电气和电子系统模拟等先进技术，补足西门子在机械和软件领域的技术短板。② 然而，已有研究主要关注了以 R&D 直接投资为主要形式的自建式创新投资，而通过基于并购的开放式创新获取创新资源，提升企业创新能力的机制却一直被忽略。本研究将探讨基于并购的开放式创新下企业创新的相关问题。

企业的创新是需要人力资本发挥能动性作用的资源整合过程（Belloc，2012）。创新机制高效运作需要通过设定有效的高管与员工激励机制，以促使他们致力于创新活动（Lazonick，2003）。尤其是，企业创新本身有着高度的不确定性。由此可能会引起企业业绩的波动，这种特征

---

① 资料来源：2006 年美的集团股份有限公司第二届董事会第十一次会议决议公告［EB/OL］．http：//www. cninfo. com. cn/new/disclosure/detail？orgId = 9900005965& announcementId = 1202328089&announcementTime = 2016 - 05 - 19.

② 资料来源：西门子 45 亿美元收购半导体软件公司 Mentor Graphic［EB/OL］．https：//tech. qq. com/a/20161114/042820. htm.

的企业经营活动很容易让高管丧失努力的积极性，如果没有有效的激励机制，公司高管内在的创新动力将会严重不足（陈华东，2016）。因此，企业需要建立适当的激励机制来鼓励高管与员工参与创新活动并为推动企业创新而付出努力（Gupta et al.，2007）。上市公司管理层作为上市公司创新路径选择以及创新管理活动的重要执行者，其行为与上市公司创新模式之间存在密切的关系。因此如何激励上市公司高管的创新活动，提升企业的创新效率与创新产出是理论界与现实界关注的重要话题（江伟、姚文韬，2015；Manso，2011；Ederer and Manso，2013；Biggerstaff et al.，2019；Makri et al.，2006）。然而，现有针对企业创新激励机制的研究，主要结合自建式创新的背景进行分析，却未深入考虑基于并购的开放式创新投资模式的特殊性，尤其是目前越来越普遍发生的以并购为手段的开放式创新投资活动之下，如何通过完善上市公司高管激励契约的制定来提升企业的创新产出与创新效率尚未被关注。本书将考察基于并购的开放式创新投资模式对高管薪酬契约的影响，以期对企业创新的研究做出一定补充。

在上市公司创新与高管薪酬管理实践中，上市公司高管薪酬水平与薪酬管理制度属于上市公司需要做公开披露的信息，但是由于高管薪酬制度一般是一些原则性的指导意见，具体实施细节并不公开，因此与本书研究问题相关的直接现实依据并不容易寻找。为使本研究具有充分的现实依据，笔者在研究中翻阅了大量上市公司公告，有如下发现：基于并购的开放式创新发生的前后，很多公司对外公告了股票期权激励计划（例如南玻A、创维数字、众合科技、诚志股份、大族激光、传化智联、科华生物、国光电器、东华软件、苏州固锝、北斗星通、证通电子等，此处仅列举少量样本，此类样本较多存在，并非个例）；也有公司在股权激励方案中明确指出了其在巩固并购效果方面的目的。例如进行了技术并购的会畅通讯公司，在《第二期限制性股票激励计划实施考核管理办法》中明确指出，股权激励的目标包含"有效地推进并购重组后的协同与整合"。股权激励是一种与业绩紧密关联的激励方式，这意味着很多实施了基于并购的开放式创新的公司采用了业绩敏感性较高的激励方法。

然而,现有关于创新激励机制中的薪酬业绩敏感性决定机制的研究发现,低薪酬业绩敏感性是更适合创新的激励方式(Manso,2011;Ederer and Manso,2013)。所以,基于并购的开放式创新中高薪酬业绩敏感性的事实,与已有研究所发现的公司为激励创新会降低薪酬业绩敏感性的理论发现是相反的,这就表明存在采取基于并购的开放式创新可能会影响高管薪酬契约的事实依据。因此,上述股权激励所提供的间接证据能够为我们所探讨的问题提供现实基础,同属于激励范畴的薪酬激励在较为隐蔽的现实中也存在同样的现实特征,即基于并购的开放式创新模式下,公司可能会改变高管薪酬激励举措,以适应公司创新模式的变化,从而产生促进创新效率的激励效果。

1.1.2 理论背景

理解高管薪酬的标准经济学方法是委托代理模型(Conyon,2006)。在所有权与经营权分离和信息不对称的背景下,薪酬契约是实现高管个人利益与股东利益相兼容的一种主要机制,使所有者和经营者之间形成一致的努力目标(Jensen and Meckling,1976)。一个设计良好的薪酬激励契约应该能够激励高管在追求个人利益的同时实现公司业绩与所有者的目标,即高管薪酬与公司业绩应该存在很强的正相关关系,即在高管薪酬契约制定中增加对业绩薪酬的使用,可以将管理层利益与股东利益很好地协同起来,激励管理层做出更有效率的投资决策来创造价值。

但是在不同的目标下,激励的具体方式与手段也存在着差别。从企业创新的视角,创新具有高风险、强收益不确定性的特点,并且创新成果形成周期与创新成果转化为公司业绩的周期均较长(Holmström,1989)。由于公司高管需要通过创造经营业绩来换得更高的薪酬，而企业创新的这些特点对于高管追求个人利益产生了一定的阻碍，由此公司高管将缺乏创新的主动性，会更倾向于规避具有风险不确定性的创新项目，并由此导致企业创新能力的不足（Tosi et al.，2000；Tan，2001）。

这一理论逻辑的背后有两层具体的含义：一是对公司高管实行激励机制是促使其承担风险、增加创新绩效的有效途径（Currim，2012）。为使高管在企业创新活动中保持着与股东相一致的目标并进行努力，需要设计相应的高管激励机制，激励机制对于激励高管为创新付出努力方面有着十分重要的意义。二是受到创新风险高、创新绩效形成周期长的影响，创新与业绩之间的关系将并不十分紧密，甚至可能在短期内存在负相关关系。那么，将高管薪酬以及绩效紧密联系起来并不利于企业的创新（Manso，2011；Ederer and Manso，2013）。因此，根据经典的高管激励理论，采用与业绩相挂钩的高管激励机制可能并不能促进公司管理层为企业创新活动而努力。

已有研究所揭示的关于企业创新对高管激励机制设计影响的相关研究，可能由于将企业创新活动限定于直接创新投资活动而存在一定的局限性。基于并购的开放式创新投资模式作为企业创新投资的一种重要形式，如何影响上市公司高管激励机制设计在已有研究中被忽视。已有研究认为，企业创新所具有的风险高、收益高度不确定性等特征，仅仅是基于直接创新投资的自建式创新模式所具有的典型特征，采用并购等方式的开放式创新可以使企业在较短时间内获得收购方的技术及知识，并能够在较快时间内产生创新协同效应（Ahuja and Katila，2001；张学勇等，2018），从而降低自主创新的风险（韩宝山，2017；Xue，2007），并能够在提升研发产出的同时降低技术开发的前置时间（Bena et al.，2014），因此，相对于自建式创新投资，基于并购的开放式创新显著降低了创新活动的不确定性以及风险性。并且，在现实背景部分，很多发生过基于并购的开放式创新的上市公司采用了业绩敏感性较高的激励方法，而这一事实与已有研究所发现的公司为激励创新会降低薪酬业绩敏感性的理论是相反的。

除了激励方式可能发生变化外，在基于并购的开放式创新模式下，企业的创新活动决策主体以及创新活动的执行主体与自建式创新存在明显的差异。基于并购的开放式创新即是一种开放式创新模式，同时也是一种具有特殊目标的并购活动，已有研究认为并购决策是企业高管的重要职责，高管动机与能力会对并购绩效产生重要影响（肖明、李海涛，2017；黄雯、杨柳青，2018；Bodolica and Spraggon，2009），这并不同于自建式创新成果的取得更依赖于研发人员才能与努力的特征。所以，基于并购的开放式创新绩效更依赖于公司管理层并购决策的合理性以及并购整合的执行情况，即对基于并购的开放式创新活动的激励应更倾向于公司高管，而直接创新投资所产生的创新绩效则更多来源于研发部门的员工与管理者的努力。那么，这意味着发生基于并购的开放式创新的公司在激励主体的侧重上可能会发生变化，在薪酬向并购决策者——公司高管层面倾斜时，将可能会引起高管薪酬水平以及高管与员工之间薪酬差距的变化，这一作用机理也将在本研究中作为重点内容进行探讨。

此外，股权激励同为重要的激励方式，这种激励在已有研究中也被纳入薪酬激励的框架中讨论，是一种与货币化薪酬相区别的薪酬激励方式（Conyon，2006；周泽将等，2018；Balsam and Miharjo，2007）[①]。股权激励这种契约设计能够减少企业管理层研发行为中的代理问题（Barker and Mueller，2002），股权激励能够弥补货币化薪酬在激励创新方面的不足，并在激励企业创新方面同样具有重要意义（Zahra et al.，2000；Wu and Tu，2007；朱德胜，2019；刘宝华、王雷，2018）。而根据前文的阐述，在基于并购的开放式创新活动中，创新成果与创新绩效

---

① 具体概念界定见"1.3.2 高管薪酬激励相关概念界定"部分。已有研究对薪酬水平、薪酬业绩敏感性、薪酬差距的讨论主要是对货币化薪酬的考察，根据已有研究惯用的表述方式，不在薪酬水平、薪酬业绩敏感性、薪酬差距前加"货币化"。

的形成周期将变短、创新激励的重点对象可能更倾向于选择高管，那么基于并购的开放式创新的这些特征对于高管股权激励的设计是否存在影响，例如是否会影响股权激励对象的选择、是否影响股权激励有效期限的设计等问题，也将作为本书研究的重点。

根据上述理论背景分析，基于并购的开放式创新模式与自建式创新投资模式相比存在差异，这种差异一方面体现在创新贡献主体上，决定创新成效的将更取决于制定并购决策的高管人员；另一方面创新成果的形成周期更短、不确定性更低。这两方面较之自建式创新的差异化特征或将对高管薪酬契约的制定产生实质性、体系化的影响。从创新贡献主体变化看，可能会使公司更倾向于将薪酬激励政策向高管倾斜，进一步使高管的薪酬水平、高管与员工之间的薪酬差距以及股权激励的对象选择发生变化；而基于并购的开放式创新不确定性与创新产出周期的变化也将缩短创新绩效向公司业绩传导的周期，从而使与业绩相挂钩的薪酬激励方式更能够激发高管的努力，由此基于并购的开放式创新也将可能会影响高管薪酬业绩敏感性。因此，基于并购的开放式创新背景下的高管薪酬激励将可能因其创新范式的特殊性而存在一种合理的特殊机制，而且这种特殊机制设计需要不同维度薪酬激励方式根据基于并购的开放式创新特征进行系统性调整。从而，基于并购的开放式创新对高管薪酬激励机制的影响需要进行系统全面的考察。基于这一背景，本书将主要关注基于并购的开放式创新如何影响上市公司高管货币化薪酬（薪酬水平、薪酬业绩敏感性、高管－员工垂直薪酬差距）、股权激励等薪酬激励机制的制定。

基于上述背景分析，本研究将从理论的角度揭示基于并购的开放式创新模式下的创新特征，以及与该特征相适应的高管薪酬激励的决定机理，扩展创新激励机制的理论框架、丰富高管薪酬决定机制的理论解释。

1.2 研究问题与研究意义

1.2.1 研究问题

已有大量的研究关注自建式创新投资模式下，企业创新对上市公司高管激励机制设计的影响，然而目前越来越普遍发生的基于并购的开放式创新如何影响上市公司高管激励契约的制定问题却被忽略。基于上述现实与理论研究背景，以及在研究背景分析中对基于并购的开放式创新对高管激励机制所可能产生影响的问题分析，确定本研究的主要研究问题为：基于并购的开放式创新将如何影响上市公司高管薪酬激励机制的制定？

已有针对上市公司高管激励机制的研究又从不同维度探讨了高管激励的具体形式，具体研究问题根据已有研究所关注的高管激励机制的不同维度分为四个方面：

第一，探讨基于并购的开放式创新如何影响企业高管的薪酬水平，即高管的努力将以何种薪酬支付水平被补偿，主要分析在基于并购的开放式创新模式下企业高管薪酬水平的决定机制。

第二，探讨基于并购的开放式创新如何影响企业高管的业绩薪酬的设定方案，即基于并购的开放式创新模式的选择将如何影响薪酬业绩敏感性。本书将按照以下逻辑进行具体分析：基于并购的开放式创新将如何改变创新绩效与创新风险特征，并如何影响公司基于业绩薪酬的高管激励契约的制定。

第三，探讨基于并购的开放式创新如何影响高管-员工垂直薪酬差距，即基于并购的开放式创新模式下，高管与员工对创新绩效贡献的差别，将如何影响高管-员工的垂直薪酬差距，主要考察货币化薪酬激励所倾斜的主体的变化，以及纵向职位体系上高管-员工薪酬水平差距的决定机制。

第四，探讨基于并购的开放式创新如何影响上市公司高管的股权激励机制的制定。探讨基于并购的开放式创新如何影响上市公司选择股权激励对高管进行激励的倾向以及对股权激励计划设计的影响等。并且，与作为一种与货币化薪酬并行的激励机制，股权激励与货币化薪酬激励（高管薪酬水平、薪酬差距）之间是否存在替代关系而表现出此消彼长的薪酬结构也将作为研究问题被讨论。

1.2.2　研究意义

本研究旨在探寻基于并购的开放式创新模式下的高管薪酬决定机制的基本规律，在理论上弥补已有研究基于自建式创新模式所揭示的创新激励决定机制的局限性，并在实践上为企业根据不同创新类型的特征进行差异化薪酬机制设计提供依据。

1. 理论意义

第一，丰富了对企业创新活动特征与机制的理论认识。本研究在已有研究对自建式创新投资与并购对公司绩效与创新产出的一般认识，以及所揭示的基于自建式创新激励机制一般规律的基础上，对基于并购的开放式创新模式在创新风险、创新周期方面的特殊性进行了理论分析，打破了已有研究仅关注自建式创新投资对企业创新机制探讨所存在的局限，将企业创新与企业并购机理纳入同一分析框架，为进一步探讨基于并购的开放式创新效应的形成机制以及基于并购的开放式创新激励机理提供了理论基础。

第二，完善了关于创新与上市公司高管激励关系的理论分析框架。以基于并购的开放式创新较之自建式创新在创新成果形成特征、创新风险特征、创新决定主体等方面的差异为视角，揭示了基于并购的开放式创新模式下创新激励机制作用主体、创新模式选择原则的差异，及其进一步对高管薪酬水平、薪酬业绩敏感性、薪酬垂直差距与股权激励的影

响机理，及其决定高管激励契约的制定的理论机制，发现了与已有研究
所揭示的自建式创新激励机制的差异，完善了创新与管理层激励关系的
理论分析框架，为进一步探讨上市公司创新激励机制设计以及上市公司
以提升创新能力为目的的并购激励机制等高管激励机制的完善提供了理
论支持。

第三，丰富了基于并购的开放式创新模式下体现高管激励机制规律
的经验证据。已有关于创新影响高管薪酬的经验证据主要集中在自建式
创新投资对高管薪酬契约制定的影响。本书在基于并购的开放式创新对
高管激励影响的理论分析的基础之上，通过实证检验提供了基于并购的
开放式创新模式对高管薪酬水平、薪酬业绩敏感性以及薪酬差距等货币
化薪酬激励机制设计的影响，以及对股权激励影响方面的证据，丰富了
上市公司高管薪酬激励与股权激励选择等方面影响因素的研究，同时也
从基于并购的开放式创新激励机制方面为最优薪酬契约理论提供了进一
步的经验证据。

2. 现实意义

本研究对基于并购的开放式创新模式如何影响上市公司高管激励机
制设计的探讨，能够为如何激励公司高管为企业高效创新而努力提供解
释依据，并且能够为现实中采取基于并购的开放式创新模式下上市公司
的高管激励机制的优化提供实践启示，同时为对于"十四五"期间依托
资本市场构建灵活化的创新机制提供激励保障措施方面的启示：

第一，本研究有助于明确基于并购的开放式创新与自建式创新投资
对激励契约制定与激励效果影响之间的差异，为上市公司根据创新方式
的差别制定差异化的激励机制提供依据。目前关于创新激励的研究关注
较多的是自建式创新投资的激励方式，没有对以并购为主要形式的开放
式创新投资的激励机制的设计原则、规律进行讨论，而两者之间从理论
上应具有不同的机理方式，现有理论体系对于基于并购的开放式创新投
资的激励实践的指导性不强，本研究从高管货币化薪酬激励、股权激励
等多方面探讨了针对基于并购的开放式创新投资的激励机制的理论逻

辑，对开放式创新投资的激励机制设计具有重要的借鉴意义。

第二，本研究所揭示的基于并购的开放式创新的差异化特征的形成逻辑以及开放式创新模式下的高管激励机制的理论机理，为完善公司考核评价体系以及创新管理机制提供了依据。本研究揭示了基于并购的开放式创新模式下企业创新成果形成的基本逻辑，以及基于并购的开放式创新模式下创新成果产生对高管努力的需要和对高管才能的需求，以及自建式创新与基于并购的开放式创新在创新成果产出、创新主体、创新绩效形成机制方面存在的差异。研究所形成的这些认识对于合理确定不同创新模式下对高管创新考核评价的关键点，以及制定差异化的考核评价机制提供了依据。

第三，本研究所揭示的基于并购的开放式创新的异质性特征与高管激励机制的设计机理，对于建立以资本市场为纽带的开放式创新机制具有一定的参考价值。国家"十四五"规划强调了企业作为市场主体通过市场化机制提升创新能力的重要作用。资本市场作为我国市场体系的重要组成部分，也需要对企业提升创新能力做出一定的贡献。以资本为纽带、以并购为方式的开放式创新是资本市场发挥促进企业创新能力作用的一种重要途径。本书所揭示的基于并购的开放式创新模式下高管激励机制设计的一般规律，对于依托资本市场建立开放式创新体系提供了微观基础保障方面的支持。

1.3　核心概念界定

1.3.1　基于并购的开放式创新概念界定

理论上，在生产要素甚至创新资源的形成与获取都涉及内部生产与外部购买的问题。企业中的"制造（make）"与"购买（buy）"的问题是自威廉姆森（Williamson）的《市场与层级》一书问世以后才被广泛地关注和探讨，交易成本理论为企业在生产活动在"制造"与"购买"之间的权衡提供了依据（Geyskens et al.，2006）。企业的创新活动也同样面临着自主创新与通过并购方式实现创新之间的权衡（Cloodt et al.，2006；Xue，2007；Arora et al.，2014；吴映玉、陈松，2017）。企业为了降低创新活动风险（Xue，2007）、提升技术协同性（Ahuja and Kati-la，2001；张学勇等，2018）、缩短创新研发周期（Bena et al.，2014），可以选择通过并购方式"买"入创新资源。当企业需要快速获取特定的现有技术，或者其他各方开发的技术提供了最佳选择，或者企业自身没有足够的技术能力进行研发时，企业会依赖于并购方式来实现创新（Lee et al.，2010）。因此，在特定创新情景与创新目标下，创新的方式不再局限于封闭式自建，以"并购"等方式与组织外部进行创新资源交换也是创新的一种重要方式。

已有研究以"开放式创新"这一概念界定了这种区别于封闭式创新的范式。"开放式创新"的概念首先由切萨布鲁夫（Chesbroug，2003a，2003b，2006）提出，他认为开放式创新是通过有目的的知识流入流出来加速创新的一种创新范式，在这种创新范式下会提升外部市场对创新的支持作用。这种新的创新范式展示了一些基本特征，例如通过可渗透的企业边界、企业和环境之间强大而有效的互动，以及对外部创新资源的获取和利用（Huang et al.，2015；Podmetina et al.，2018）。海尔法特和奎恩（Helfat and Quinn，2006）的研究认为，研发创新并不完全是一个封闭的循环系统，对于通过外部系统获取创新要素与资源的创新属于开放式创新的基本特征。张峰（2012）根据对现有开放式创新研究成果的总结，从创新资源或要素与外部环境之间的关系的角度，将开放式创新进一步分类为内向式与外向式开放创新模式。其中，内向式的开放创新模式采取的是向资源获取过程的开放，即企业通过购买或交换等方式从外部主体获取创新资源；外向式开放式创新模式是指企业通过公开出售等方式借助外部主体的力量开展研发的模式。本书所关注的是第一类内向式开放式创新，专注于以并购为获取创新资源方式的开放式创新。之所以选择以并购为主要方式的创新是因为：一方面并购学是公司财务学的重要领域，是基于学科专业领域的考虑；另一方面目前并购是开放式创新的一种重要但探讨较少的方式，区别于管理学与组织学领域所广泛探讨的合作方式下的开放式创新。

以并购作为获取知识、技术等外部创新资源的方式被广泛关注（Cassiman and Valentini，2016）。现有文献也将这种以并购为手段的开放式创新模式定义为基于并购的开放式创新（于开乐、王铁民，2008；王艳等，2016；徐慧琳等，2019）。于开乐和王铁民（2008）的研究认为，基于并购的开放式创新是通过并购将外部创意转化企业自身创新能力的一种开放式创新方式。因此，结合开放式创新的概念，以及现有研究以并购作为开放式创新手段的讨论，本书将基于并购的开放式创新定义为：以获取和利用外部创新资源为目标，并以并购为实现手段的开放式创新模式。

另外，本书还需要辨析两个重要的概念：基于并购的开放式创新与技术并购。"技术并购"是与本书"基于并购的开放式创新"含义联系十分紧密，但又存在一定区别的概念。以高技术含量的对象为并购目标企业的并购活动在已有研究中被称为技术并购（Makri et al.，2010）。根据卡马拉诺等（Cammarano et al.，2017）对开放式创新的界定，开放式创新主要包括研发外包、研发协作、外部技术收购等类型，这意味着以获取技术为目的的并购是开放式创新的一种重要形式。从这一分类中可以确定的是，技术并购是包含于开放式创新的一种形式。因此，技术并购是本书所讨论的基于并购的开放式创新的一个重要的构成部分，技术并购主要是指获取以技术为主的创新资源的一种并购方式，其概念范畴要小于基于并购的开放式创新。

但是，根据开放式创新的定义，开放式创新所获的资源不仅仅是技术，也包括知识等其他有助于提升创新能力的资源。因此，在更广义的范畴，被并购的企业本身就是一种资源，如果并购方以提升创新能力为目标实施并购，则意味着通过并购所获取的资源是满足开放式创新概念所界定的创新资源。所以，本书关于"基于并购的开放式创新"的概念具有更宽泛的含义，主要包含了以创新为目的的并购活动，不仅仅在于获取成熟的技术，也在于通过并购方式获取其他能够提升企业自身创新能力的资源，如获取创新平台、获取技术研发人员等。

在对基于并购的开放式创新具体界定中，要求满足以下条件之一：（1）有通过并购提升创新能力的明显目的性。在并购公告或问询函中所阐述的并购目标明确表达了获得技术、专业技术人才等意图，或明确表达了提升企业创新能力、开发新技术、发展创新产品等并购意图。（2）有通过并购获取创新资源的明显目的性。以研发平台或者技术研发类的科技企业等为标的，标的物的转移能够使收购方获得新的创新资源。另外，所涉及的并购事件必须是发生控制权转移的并购事件。

综上所述，通过并购方式获得支持企业提升创新能力与创新效率的创新资源与能力，或实现企业创新目标的这种开放式创新模式为本书所谓的"基于并购的开放式创新"。

1.3.2 高管薪酬激励相关概念界定

高管"薪酬"通常由固定薪酬（工资和奖金）和可变薪酬（基于激励）组成（Finkelstein and Hambrick，1988）。高管的薪酬在文献中得到了很多关注，很大程度上是因为其激励特性（Devers et al.，2007）。薪酬激励背后的逻辑是在公司的所有权和控制权分开的情况下，经理人的利益可能与公司股东的利益不匹配，并出于个人私利动机而从事损害股东权益的经营活动（Jensen and Meckling，1976）。因此，股东会试图设计最优的薪酬方案，以激励首席执行官们协调他们的共同利益。

高管薪酬是企业高管激励机制最基本与最原始的形式与手段之一。上市公司高管薪酬激励的最原始形式是货币化薪酬，即由工资、奖金及津贴等构成的传统意义上的薪酬；而股权激励也是一种能够影响公司高管所得，且能够发挥激励效应的激励形式，也有研究将股权激励纳入薪酬激励的分析框架（Conyon，2006；周泽将等，2018；Balsam and Miharjo，2007）[①]。从概念上来说，高管薪酬激励是一种为激励高管完成与股东相一致的目标付出相应努力，而依托货币化薪酬或股权等薪酬形式，所设计的一种激励机制。面向创新的薪酬激励机制则是为了激励高管在创新活动中付出与实现创新目标相匹配的努力。

薪酬的概念有狭义与广义之分。其中狭义概念下的薪酬一般指通过工资、奖金、福利等各种形式可直接获得的货币报酬水平，而广义的薪酬也包括通过股权激励的方式所获得的薪酬，目前国内大部分研究对薪酬水平的界定主要指货币化薪酬水平，主要原因是中国上市公司股权激励实施较晚，零持股或者持股比例低的现象较为普遍，货币性薪酬在高管薪酬中占主导地位，因此高管薪酬水平主要决定于货币化薪酬（蔡贵龙等，2018；王新等，2015；唐松、孙铮，2014），而股权激励往往作为一种单独的薪酬激励形式被讨论。

现有研究对薪酬激励机制的讨论主要从货币化薪酬的薪酬水平、薪酬业绩敏感性、薪酬差距以及股权激励机制等方面，探讨薪酬激励契约特征与决定机制。本研究涉及的与高管薪酬契约相关的概念主要有：

（1）高管薪酬水平。它主要指劳动者凭借为雇用者所付出的贡献，包括时间、精力、努力、学识、才能以及经验，而获得报酬水平。从这一角度，薪酬水平需要与高管的能力与努力相匹配，如果高管所获得薪酬水平与其自我感知的能力与努力不相匹配，则会失去激励作用甚至可能引发高管离职（Yao et al.，2018；王红芳等，2019）。

（2）高管薪酬业绩敏感性。薪酬契约的一个最基本的设计原则是降低委托代理关系下的双方利益冲突（Holmström，1979；Jensen and Meckling，1976；Jensen and Murphy，1990），有效高管薪酬契约的特点

[①] 也有研究在分类上将薪酬激励与股权激励并列，将薪酬激励视为区别于股权激励的货币化薪酬激励。

是能够约束公司高管的机会主义行为。"业绩"是所有者所追求的重要目标，薪酬契约的设定中设置部分"可变薪酬"，将高管可获得的可变薪酬水平和公司业绩相挂钩，能够增加公司高管与股东之间利益的一致性，这是为降低代理成本所最广泛使用的一种激励方式，这种激励方式会使高管因自身机会主义行为对公司业绩的损害而造成自身的薪酬损失，从而在与业绩相挂钩的薪酬激励机制下，公司高管将自主减少机会主义行为，从而发挥通过业绩薪酬对高管的激励作用。延森和墨菲（Jensen and Murphy，1990）的研究中首次提出了薪酬业绩敏感性，并将其解释为"我们将薪酬绩效敏感性定义为 b，即 CEO 财富的变化与股东财富变化相关性"[①]，因此，绩效薪酬使高管薪酬与公司的业绩之间形成了联动，即企业业绩的变动将引起高管薪酬水平的变动，两者之间的联动关系程度即为"高管薪酬业绩敏感性"。

（3）薪酬差距。薪酬差距是主体间可获得薪酬水平的差异（Lazear and Rosen，1981；林浚清等，2003；张正堂，2007）。根据薪酬差距的参照系是否位于企业内部的原则，现有相关研究将薪酬差距分为内部薪酬差距与外部薪酬差距，外部薪酬差距通常指高管（或其他员工）与行业内其他企业同等层次高管（或员工）的薪酬差异水平。内部薪酬差距则主要是内部同层级或不同层级之间的高管（或员工）的薪酬差异水平。高管层面的薪酬差距主要包括高管团队之间薪酬差距以及高管与员工之间薪酬差距。依据"锦标赛"理论，内部薪酬差距在一定程度上可以对员工产生激励作用，但根据社会比较理论或公平理论，如果薪酬差距过高引起不公平感受，则容易产生负激励效应。因此适度的薪酬差距是要既体现薪酬分配的公平性又发挥竞争激励作用。本书所探讨的薪酬差距问题主要是基于并购的开放式创新模式下，激励主体在纵向职务体

---

① 延森和墨菲（Jensen and Murphy，1990）的研究中首次提出了薪酬业绩敏感性的测度方法，其度量方法为对模型 $\Delta(CEO\ salary + bonus)_1 = a + b\Delta(shareholder\ wealth)_1$ 进行回归，系数 b 即为薪酬业绩敏感性，在后续研究中薪酬业绩敏感性度量方法也有所发展，本书实证研究部分也同样使用了目前文献所普遍采取的方法，具体使用方法将在实证检验章节做具体说明。

系上的变化，是对高管与员工在不同创新模式下付出努力的差异而影响薪酬差距的决定机制的讨论。所以，本研究所涉及的高管薪酬差距主要是指高管与员工之间的纵向薪酬差距。

（4）股权激励。授予高管一定的股票或股票期权也是缓解代理问题的重要手段（Stulz，1988；徐向艺等，2016），因此，股权激励作为非货币化薪酬激励的一种重要形式被广泛使用，主要通过使用股票期权、限制性股票等方式将高管所得与公司股价相联系，以激励高管实现公司价值最大化。股权激励作为一种长期激励机制，能够使高管的个人利益追求和公司的长期利益追求实现统一（吕长江、张海平，2011）。高管在股权激励中最终可获得的薪酬水平与股票期权的行权条件以及股票的市场表现有关，所以采用股票期权为主要方式的薪酬激励也是一种可变薪酬激励方式。

另外，现有研究对薪酬激励还存在其他方面的问题，如直接薪酬、间接薪酬和隐性薪酬。直接薪酬主要包括在职期间可直接获得的薪酬；间接薪酬包括公司为高管提供的退休金、保险、工资外的额外补贴和带薪休假等；高管的隐性薪酬包括高管权力和政治晋升激励等。

1.4 研究内容与研究方法

1.4.1 研究内容

根据上述研究问题，本研究将围绕以下四个方面内容展开具体的理论与实证研究：

第一，基于并购的开放式创新的特征及其薪酬决定机制的理论研究。理论分析部分将完成基于并购的开放式创新特征分析与创新薪酬激励基本框架的推演。首先，从创新成果形成机制、创新风险特征、创新贡献主体等方面，揭示基于并购的开放式创新与自建式创新之间的差异，对基于并购的开放式创新的主要特征形成理论认识。进一步将基于并购的开放式创新模式下的创新特征嵌入创新薪酬激励机制设计分析框架，并结合理论基础，揭示基于并购的开放式创新的高管薪酬激励机制的基本特征，为后文的实证研究提供理论框架。

第二，基于并购的开放式创新影响高管薪酬水平与薪酬业绩敏感性的实证研究。从不涉及员工及其他方面的直接针对高管所设计的货币化薪酬的两个维度——薪酬水平、薪酬业绩敏感性入手，具体揭示基于并购的开放式创新影响高管薪酬水平的内在机理，以及决定薪酬业绩敏感性的内在机理，并对基于并购的开放式创新影响高管薪酬水平与薪酬业绩敏感性的主要理论假设进行实证检验，并对创新风险、短期创新绩效的中介作用机制，以及产权性质、市场化程度的调节效应进行检验。这部分内容的研究，试图揭示基于并购的开放式创新对高管才能的需求变化及对高管付出努力的依赖性变化对高管薪酬水平的影响，以及创新成果不确定性特征与绩效形成周期特征对薪酬业绩敏感性的影响，为代理理论与最优薪酬契约理论视角下的理论观点提供证据支持。

第三，基于并购的开放式创新影响高管－员工垂直薪酬差距的实证研究。具体揭示基于并购的开放式创新影响高管与员工之间垂直薪酬差距的决定机制。预期得到基于并购的开放式创新会扩大垂直薪酬差距的经验证据，以支持基于并购的开放式创新的激励政策向高管倾斜的理论分析预期。在此基础上，考察高管权力对基于并购的开放式创新下垂直薪酬差距的影响，获得基于并购的开放式创新模式下隐性激励效应能够适当降低显性激励的证据，为基于公平理论视角所形成的理论观点提供证据支持。

第四，基于并购的开放式创新影响股权激励机制设计的实证研究。具体分析基于并购的开放式创新下选择股权激励的倾向性、股权激励政策的倾斜主体以及股权激励有效期等，试图从股权激励模式中寻找印证基于并购的开放式创新模式下，激励政策倾斜主体在职位体系上移以及更侧重于短期激励的证据。除此之外，考虑到股权激励与货币化薪酬激励是一种可并行又具有相互替代关系的激励方式，这一部分内容还将系统考察基于并购的开放式创新模式下，股权激励和货币化薪酬激励之间的关系。

1.4.2 研究方法

1. 理论分析法

理论分析法主要采用文献研究法和规范性分析方法。在文献回顾章节中，系统回顾和分析企业创新、企业并购、高管激励相关的学术文献，梳理出已有关于创新与高管薪酬激励关系的文献体系，分析已有研究以自建式创新为研究对象在解释开放式创新模式下激励机制设计问题的局限性，进一步明确基于并购的开放式创新模式下高管激励机制优化所需要进一步探讨的关键问题。在理论基础与逻辑分析章节中，以代理理论、高管激励理论（最优契约理论与激励公平理论）、企业创新理论等理论为依据，结合对基于并购的开放式创新特征的理论分析，演绎基于并购的开放式创新特征对不同维度的薪酬激励的需要，并据此揭示基于并购的开放式创新模式下高管薪酬决定机制的主要理论逻辑，为全书的实证研究奠定理论基础。

2. 实证研究方法

描述性统计分析。实证研究章节的研究设计中，采用描述性统计分析、变量相关性等方法分析参与实证回归样本的变量数据特征。描述性统计分析主要针对样本变量的样本量、中位数、均值、最值、分位数、标准差等能够反映变量平均水平、趋势分布以及离散程度的数据特征进行报告。

相关性分析。该方法主要通过计算 Pearson 系数来初步判断关键变量之间的相关关系，为回归模型构建提供基础。

均值比较。该方法主要是通过均值比较的假设检验方式，判断关键变量在是否采取基于并购的开放式创新下差异的显著性。在单变量分析中，本书主要采用组间的均值 t 检验等方法，以是否采用基于并购的开放式创新为分组变量，比较高管薪酬激励关键变量均值、创新风险等变量均值差异的显著性，为通过回归模型进行假设检验提供初步证据。

回归分析。回归分析为假设检验的主要方法，主要采用的回归分析模型包括 OLS 与 Logit 等回归方法，检验基于并购的开放式创新对不同维度高管薪酬的影响。在稳健性检验当中采用倾向得分匹配（PSM），比较是否发生基于并购的开放式创新对高管薪酬契约的影响效果，以消除样本的选择性偏误。此外，考虑到研究问题可能存在内生性问题，本书选择了与基于并购的开放式创新相关的外部政策冲击进行了准自然试验设计，并通过构建双重差分（DID）模型对主要关系进行再检验，克服了内生性问题的影响。

1.5　研究创新与贡献

已有研究主要以自建式创新投资为背景探讨了企业创新下的高管薪酬激励的决定机制，本研究扩展了企业创新活动的边界，以基于并购的开放式创新模式与企业直接创新投资差异为出发点，揭示了基于并购的开放式创新与自建式创新投资之间的异质性特征，建立了基于并购的开放式创新对高管薪酬激励影响的理论分析框架，并检验了基于并购的开放式创新对高管薪酬激励的影响，丰富了对企业创新行为与高管薪酬决定机制的理论认识，弥补了已有研究关注自建式创新投资对企业创新目标下激励机制设计认识上所存在的局限性。

具体而言，本研究的主要创新与贡献包括以下三个方面：

第一，本研究揭示了基于并购的开放式创新在创新贡献主体方面与自建式创新的差异，发现了薪酬激励政策向高管倾斜的经验证据，丰富了企业创新目标下薪酬激励对象决定机制与薪酬激励程度决定机理的研究。

已有研究以自建式创新为对象，既强调高管作为创新战略决定者的作用，更强调普通员工尤其是技术研发人员在创新中的贡献，但已有研究尚未揭示在不同创新模式下选择激励主体的决定机制。本书在理论上揭示了在基于并购的开放式创新中创新主体贡献会在职位体系中向上移动，并且公司高管的努力将比基层员工更重要的理论逻辑，并发现了采取基于并购的开放式创新的上市公司会提升高管薪酬水平、扩大高管 - 员工薪酬差距、向高管倾斜股权激励的证据，形成了对基于并购的开放式创新模式下以公司高管为重点激励对象，并向高管倾斜薪酬激励政策的理论认识，丰富了创新目标下货币化薪酬激励与股权激励对象决定机理的研究，也扩展了高管薪酬水平、垂直薪酬差距决定机制的相关研究。

第二，本研究揭示了基于并购的开放式创新在创新成果不确定性方面与自建式创新的差异，发现了基于并购的开放式创新模式下采用高薪酬业绩敏感性进行创新激励的经验证据，丰富了企业创新目标下可变薪酬决定机制的研究。

已有以自建式创新为对象的研究认为，创新是具有长周期、高风险特征的活动，采用高薪酬业绩敏感性会降低高管的努力程度。本书在理论上揭示了基于并购的开放式创新通过外部资源内部化的创新范式降低创新不确定性的理论逻辑，并发现采用基于并购的开放式创新的上市公司会提升高管薪酬业绩敏感性，以及股权激励的有效期会明显缩短的经验证据；形成了在创新风险缓解效应与短周期效应下基于并购的开放式创新模式下的薪酬契约优化机制，丰富了创新视角下可变薪酬契约决定机理的研究。薪酬契约优化机制以与业务联动更紧密、激励作用周期更短为特征。

第三，本书揭示了以提升创新能力为目标的特殊并购活动对高管薪酬的影响机制，丰富了企业并购经济后果的研究。

已有研究关注了一般性企业并购活动对高管薪酬契约制定的影响，基于高管主观干预并购绩效信息的视角，提出了高薪酬水平的决定机制，以及基于代理视角的薪酬业绩敏感性决定机制。与此不同，本书将视角聚焦于基于创新目的的并购活动，基于开放式创新激励的角度为企业并购影响高管薪酬契约制定的机理做出了新的解释，进一步丰富了并购活动对企业高管薪酬的影响机理，丰富了企业并购经济后果的决定机制，同时也扩展了企业高管薪酬影响因素的相关研究。

1.6 章节内容安排

在章节内容安排上，主要分为引言、理论分析（文献综述、理论框架构建）与实证分析三大部分内容。其中，实证研究按照高管薪酬的不同维度分三个章节具体展开，如图 1 - 1 所示。各章节安排如下：

第 1 章：引言。本章包括现实与理论研究背景的阐述、研究问题与研究意义、核心概念界定、研究内容与研究方法等方面的内容。研究背景部分从对企业创新模式的辨析、上市公司进行基于并购的开放式创新的激励机制的现实特征，以及现有基于直接创新投资模式的理论研究的局限性，提出基于并购的开放式创新模式下高管薪酬激励设计方面有待解决的理论问题。针对研究问题，并结合现有相关研究对高管薪酬激励契约决定机制的讨论，从基于并购的开放式创新对高管薪酬水平、薪酬业绩敏感性、高管－员工薪酬差距以及股权激励等方面的影响，拟定研究内容框架与研究的技术路线。

第 2 章：文献回顾。本章包括基于并购的开放式创新的动因与后果、高管薪酬契约（薪酬水平、薪酬业绩敏感性、薪酬差距）的影响因素、公司高管激励与创新之间的关系等相关研究，以及对现有研究的评论和对本研究的展望。通过对现有相关文献的回顾，提出现有基于自建式直接创新投资模式下的高管薪酬决定机理在解释基于并购的开放式创新的高管激励机制设计方面的局限性，为后文进行理论和实证研究找到分析方向，并使本书的创新点在文献体系中更为明确。

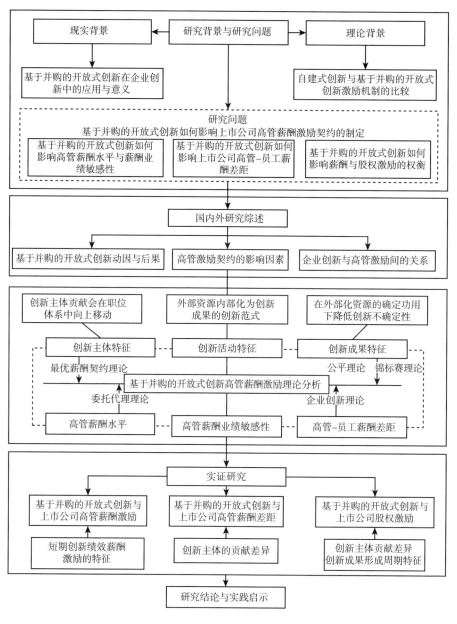

图 1-1 技术路线

第 3 章：理论基础与理论分析框架。本章结合研究问题阐述企业创新理论、委托代理理论、高管激励理论（最优薪酬契约理论、公平理论、锦标赛理论）等理论基础，分析基于并购的开放式创新与自建式创新之间的特征差异，构建基于并购的开放式创新模式下高管薪酬激励的决定机制的理论分析框架，分析基于并购的开放式创新在创新活动特征与激励方式上的特殊性，并提出基于并购的开放式创新的高管激励机制的构建原则，为后文的实证分析提供理论依据。

第4章：基于并购的开放式创新对薪酬水平与薪酬业绩敏感性影响的研究。本章包括基于并购的开放式创新模式对高管薪酬水平、基于并购的开放式创新对高管薪酬业绩敏感性影响的理论分析与实证研究，并从创新风险的中介作用、短期创新绩效的中介作用对核心影响机制进行检验，尝试构建基于并购的开放式创新通过降低创新风险、提升短期创新绩效，进而决定薪酬水平与薪酬业绩敏感性的理论机理，并通过实证检验提供经验证据。进一步检验产权性质、市场化进程的调节作用，以及基于并购的开放式创新对研发投入的影响，扩展对相关薪酬激励机制适用范畴的讨论。

第5章：基于并购的开放式创新对高管－员工垂直薪酬差距影响的研究。本章包括基于并购的开放式创新模式对高管－员工薪酬差距影响的理论假设分析、实证研究，并基于高管权力等隐性激励对显性激励的替代效应进行了补充检验，为纵向结构上薪酬激励倾斜特征的理论分析提供证据。在扩展性检验中，一方面从股权分散程度所代表的监督效应的角度，检验其对显性激励替代效应的作用机理；另一方面从产权性质的调节作用、短期创新绩效的中介作用等方面进行实证检验，进一步丰富相关理论认识。

第6章：基于并购的开放式创新对股权激励机制的影响的研究。本章包括基于并购的开放式创新投资模式对高管股权激励的倾向性与激励方式的影响、薪酬激励与股权激励权衡机制的理论假设分析、实证研究，揭示基于并购的开放式创新模式下高管薪酬激励的结构化特征。

第7章：研究结论与政策建议。本章包括主要研究结论、政策建议以及研究展望等内容。

第 2 章

文献回顾

本章主要包括三个方面的内容：基于并购的开放式创新的动因与后果相关研究；高管薪酬的影响因素与决定机制相关研究；以及以自建式创新投资为研究对象的创新与高管激励之间关系的相关研究。其中，创新模式是影响高管激励机制选择的重要决定机制，但是目前并没有文献从基于并购的开放式创新的视角考察高管薪酬激励的决定机制。本章将从基于并购的开放式创新的并购属性与创新属性等角度，回顾并购与创新对高管薪酬激励影响的相关研究；通过文献述评找到解决本书研究问题方面的理论缺口，为本书的研究问题提供论证依据，也为后文的理论与实证研究提供理论基础。

2.1 基于并购的开放式创新的动因与后果

探讨基于并购的开放式创新的动因与后果，对于揭示这一特殊创新模式的特征，以及讨论这一特殊创新模式的高管薪酬激励机制具有重要的意义。目前直接以基于并购的开放式创新为对象的具体研究还较少，而本书所关注的基于并购的开放式创新与现有研究关注的技术并购存在一定的交集（根据本书概念界定技术并购包含于基于并购的开放式创新中）。因此，本章在回顾少量已有的将基于并购的开放式创新为对象的研究的基础上，结合已有对技术并购等与创新相关的企业并购活动的动因与后果的相关文献进行回顾，梳理已有研究关于基于并购的开放式创新的动因与后果的相关观点。

2.1.1　基于并购的开放式创新的动因

于开乐和王铁民（2008）是较早提出"基于并购的开放式创新"概念的，他们认为，基于并购的开放式创新是通过并购将"外部创意转化为创新"和"外部创意转化为持续创新能力"的一种创新活动，并且在这一界定中，将通过并购获得提升企业创新能力的"创意"作为一种特定的动因进行讨论。

提升创新能力或效率是很多企业发起并购的一个直接目的（Aghion and Tirole，1994；王宛秋等，2016；杨震宁等，2018）。已有研究主要从技术与市场的角度解释了通过并购方式促进企业创新能力的动因。

第一，基于技术的角度。现有研究认为，通过并购提升创新能力的动因主要是获得技术协同效应和降低研发风险。一方面是通过提升技术或创新的协同效应来促进企业创新能力的提升（徐经长等，2020；冼国明、明秀南，2018），对具有技术互补性与颠覆性的前瞻技术进行投资并购有利于企业的突破式创新（李宇、马征远，2020）；另一方面购买外部技术可以大大降低公司内部研发的风险，能够缩短研发周期，发挥创新的杠杆作用，实现在技术创新上的弯道超车（Brown and Eisenhardt，1997；Ahuja and Katila，2001；吴先明、苏志文，2014；陈爱贞、刘志彪，2016）。技术视角实际上也是一种资源视角，通过直接获取创新资源转化为自身的创新能力。

第二，基于市场的角度，降低同质化技术竞争和提升创新成果的应用空间是企业发生与创新相关并购的重要动机。一方面，有研究认为降低技术的市场竞争是与创新相关并购活动的重要动机（Stiebale and Reize，2011），大公司在发现与小公司进行"研发竞争"存在不利时，会通过收购获得相关创新能力（Phillips and Zhdanov，2013）；另一方面，通过并购进入更多市场意味着企业的无形资产能够在更大范围与更广空间得到更大程度的利用，可以创造更多价值，从而激励企业加大创新资源投入，主动改进企业的创新能力（陈爱贞、张鹏飞，2019）。

除此以外，还有基于财务视角和基于治理视角的动因分析，如财务方面，已有研究认为通过并购降低创新的重复性财务投入，节约财务资源，以使公司更聚焦配置创新资源，是通过并购改善创新能力的重要动因（Denicolo and Polo，2018）；在治理方面，有研究表明通过并购改善企业的治理机制也是并购促进创新的一个重要动因（冯璐等，2021；王艳，2016）。

2.1.2 基于并购的开放式创新的后果

虽然企业在采取基于并购的开放式创新时有着提升创新能力方面的动机，但是并非所有基于并购的开放式创新都能够产生促进创新效率提升创新能力的作用效果。已有针对技术并购等与创新相关的企业并购后果的研究，广泛考察了不同情形下企业活动对创新绩效的影响。然而，长期以来关于并购的创新抑制论与创新激励论，一直是一个争论不休的话题，还未形成定论。现有研究的结论大致可以分为并购的创新促进论、并购的创新抑制论以及并购的创新无关论三种，韩宝山（2017）等学者对相关观点进行了系统性研究。

第一，部分研究认为基于并购的开放式创新能够促进企业创新能力与创新绩效的提升（Zhao，2009；Sevilir and Tian，2012；Cefis and Marsili，2015；吴先明、张雨，2019；冼国明、明秀南，2018）。以创新为目标的技术并购活动，能够以扩大主并公司的知识存量、提升技术互补性等方式使企业的创新能力得到提升（Ahuja and Katila，2001；Rhodes-Kropf and Robinson，2008），能够避免因简单化重复利用有限的存量技术而陷入创新困境（Vermeulen and Barkema，2001）。这一后果的形成逻辑与前述技术视角的并购动因的逻辑具有一致性。同时，基于并购的创新模式所形成的创新规模效应与范围效应也促进了企业创新能力的提升（Cassiman et al.，2005），这一后果的形成逻辑与前述市场视角动因的逻辑具有一致性。

也有很多研究探讨了并购对创新绩效产生正负影响的边界条件。例如，恩特扎克希尔和莫希里（Entezarkheir and Moshiri，2016）发现，相比于短期创新能力的提升，并购对企业的长期创新能力有着更显著的影响，而且在不同的行业中这种影响存在着显著差异；王宛秋和马红君（2016）发现技术并购的主并企业成熟度和财务状况对创新绩效有显著的促进效应，但是对公司治理水平的影响不明显；李梅和余天骄（2016）基于跨国并购企业创新绩效受东道国的制度环境的影响，发现这种影响在企业吸收能力增强时更加显著。也有研究发现，并购提升创新产出的这一效应在并购前创新能力较弱的公司中表现得更为显著（Zhao，2009）；技术并购发挥促进创新的作用需要与内部 R&D 投资相配合，采取外部技术并购的方式并不能激发创新能力的提升（唐清泉、巫岑，2014）。

第二，部分研究认为基于并购的开放式创新会抑制企业创新能力与创新绩效的提升（Hitt et al.，1991；Ornaghi，2009；Stiebale and Reize，2011；Seru，2014；Szücs，2014；陈玉罡等，2015）。基于并购的开放式模式下，并购之后可能会出现高管有限的精力偏离创新活动（Hitt et al.，1991）、创新外部性在并购双方间的内部化（Federico et al.，2018）、核心知识员工研发效率下降（Seru，2014）以及研发流程和组织惯例中断（Haspeslagh and Jemison，1991；Ranft and Lord，2002），从而导致基于并购的开放式创新模式抑制企业的创新能力的发展。并且，从财务的角度来看，并购活动加重了并购方的资产负债率，会对创新产生负面影响（陈爱贞、张鹏飞，2019）

2.2　高管薪酬契约的影响因素

高管薪酬契约是一种重要的激励方式，在不同的经营环境、经营目标下，需要选择不同的高管激励方式。本部分回顾高管薪酬水平、薪酬业绩敏感性以及高管－员工垂直薪酬差距的决定因素的相关研究。

2.2.1　高管薪酬水平及其影响因素

设计合理的薪酬契约是为了实现吸引、留住人才和实现激励目标，不合理的薪酬水平不仅不能产生正激励效应，甚至会引发员工离职等后果（Williams et al.，2006；Yao et al.，2018）。薪酬方案设计的有效契约观点认为，薪酬水平的差异是由于影响这些目标的经济特征的差异造成的（Murphy，1999；Prendergast，1999；Armstrong et al.，2011），并且实证研究已经确定了与薪酬水平差异相关的各种经营活动与经济因素。以下梳理企业并购及其他因素对高管薪酬水平产生影响的相关研究的主要观点。

1. 并购与高管薪酬水平

通过并购提升公司发展能力与改善业绩是契约发展的重要方式，基于并购目标的薪酬水平决定机制已被已有研究所关注。由于认识到高管薪酬可能在并购的发起、实施和结果中发挥的潜在重要性和战略作用，越来越多的学者开始将他们的研究定位在收购活动和高管薪酬的"交叉路口"（Bodolica and Spraggon，2009）。并购业绩与高管的努力之间存在密不可分的关系，设计合理的高管激励有利于改善并购的长期绩效（Denis et al.，1997；Datta et al.，2001）。所以格林斯坦和赫里巴（Grinstein and Hribar，2004）的研究认为由于并购活动存在交易复杂性，并且需要 CEO 在构建交易上付出的努力程度更高，因此并购与薪酬水平之间应该存在正相关关系，CEO 完成并购交易后会获得更高的薪酬水平，尤其是有更大权力影响董事会决策的 CEO 会获得更多薪酬。科克利和伊利奥普洛（Coakley and Iliopoulou，2006）的研究发现，独立程度较低和规模较大的董事会在并购后给予 CEO 的奖金和薪酬显著较高。陈胜蓝和马慧（2017）考察了高管权益薪酬与并购绩效之间的关系，发现高管权益薪酬是在卖空压力下改善并购绩效的重要渠道。此外，也有研究从并购中的高管薪酬操纵的角度，分析并购与高管薪酬之间的关系，如王珏玮等（2016）的研究表明，当并购绩效较差时，当公司高管可能面临薪酬放缓或者下降的情况时，会借助于信息不对称的机会通过操纵会计信息而影响薪酬，所以并购收益越低，盈余管理对促进高管薪酬增长的影响越大。

2. 其他因素对高管薪酬水平的影响

高管薪酬水平一方面是一种正向激励机制的体现，在管理复杂程度高、管理任务繁重、执业风险高以及对高管才能需求的情况下，会通过给予高管更高的薪酬水平激励高管付出更大程度的努力。例如从经营风险方面，胡刘芬（2017）发现高管职位风险与其薪酬水平之间呈显著的正相关关系，会通过在薪酬中增加风险溢价留住高管，同时高管所面临的职位风险将被纳入高管薪酬体系的设计框架中；也有研究发现机构投资者持股比例过高也会增加管理层的风险，同样也会提升薪酬水平对其风险进行相应补偿（Clay，2000），公司进行风险投资也会产生提升高管薪酬的效果（薛爽、唐丰收，2013）。王志强等（2011）发现公司高管薪酬中也包含了公司破产风险对人力资本的补偿。又如，从高管技能方面，外国高管和拥有外国工作经验的本国高管相比于没有这一特征的类似高管，获得了显著更高的总薪酬水平，薪酬溢价主要归因于高管专业的海外知识和技能（Conyon et al.，2019）。

另一方面高管薪酬中也可能包含高管基于代理动机进行逆向选择而获得的不合理超额薪酬，即代理问题会导致高管薪酬中管理租金的攫取，并使薪酬的制定过分偏袒高管并使高管获得更高的薪酬水平（周静、辛清泉，2017；游志郎等，2017；Bertrand and Mullainathan，2001；Bebchuk et al.，2002；Bebchuk and Fried，2003）。由于高管权力是代理动机实现的重要条件，所以高管薪酬水平会存在权力的增效效应（Adams et al.，2005），霍伊（Hoi et al.，2019）的研究发现社会资本会抑制薪酬水平的权力增效程度。也有研究发现，权力较弱的管理者会通过盈余管理虚构利润以达到获得更多业绩薪酬的目标（吕长江、赵宇恒，2008）。

2.2.2 高管薪酬业绩敏感性及其影响因素

高管薪酬业绩敏感性是指高管薪酬水平与经营业绩之间的挂钩程度，是采用可变薪酬激励高管的一种重要机制。但是，基于高管个人特征、公司特征以及激励目标的差异，薪酬业绩敏感性程度会有所差异。本章从并购背景下的高管薪酬业绩敏感性决定机制，以及高管个人异质性、公司特征等方面对已有关于高管薪酬业绩敏感性决定机制的研究成果进行回顾。高管薪酬业绩敏感性的影响因素主要包括以下三个方面：

1. 并购与高管薪酬业绩敏感性

已有研究对公司并购与高管薪酬业绩敏感性之间关系的讨论主要包括两个维度：

一方面，并购后的业绩带有较高的不确定性，公司会降低薪酬业绩敏感性以避免不确定性业绩对高管薪酬造成较大影响而对高管产生负激励效果。例如科克利和伊利奥普洛（Coakley and Iliopoulou，2006）的研究发现，英国公司 CEO 和高管在完成行业内或大型企业并购方面所付出的努力，比实现多元化或小型并购获得的回报更多，而且他们的现金薪酬不受管理技能或业绩指标的影响，表明并购下的薪酬业绩敏感性将降低。

另一方面，与业绩相挂钩的业绩薪酬作为一种约束高管代理问题的重要激励机制，同样也会在并购中被作为一项激励机制使用。当代理问题越严重（表现为控制权溢价越大和公司绩效越差）时，董事会倾向于在并购交易中实施更强的激励匹配机制，即采取薪酬业绩敏感性更高的薪酬激励机制来约束高管在并购中的私利动机（Bodolica and Spraggon，2009）。并且在制定高管薪酬时会将并购商誉减值纳入业绩评价指标体系，据以调整高管薪酬（卢煜、曲晓辉，2016）。此外，布朗等（Brown et al.，2015）研究了美国公司的并购决策是否影响高管薪酬合同中自愿采用追回条款的可能性，以及追回措施是否改善了随后的并购决策，研究发现，决策水平较低的并购交易发生之后，追回条款措施更有可能被采用。这实际上也是一种在并购模式下将高管业绩与薪酬挂钩的一种方式。薪酬业绩敏感性这种约束代理问题的机制也会在代理问题中被操纵，毛雅娟和米运生（2016）的研究发现，在并购中主并公司高管为了增加私有收益，会通过采取提高货币化薪酬与公司业绩敏感性和黏性等方式来向有利于自身的方向调节薪酬水平。

2. 高管个体的异质性与高管薪酬业绩敏感性

高管具有明显的特性化差异，这种异质性特征可能会是影响薪酬业绩敏感性的主要因素。已有研究发现，高管的以下个人特征会影响薪酬业绩敏感性：（1）高管的社会关系或社会资本。企业高管人力资本是高管薪酬的重要影响因素（李四海等，2017），同时其社会资本也会影响薪酬契约的制定（陈家田，2012），丰富的社会关系会提升高管薪酬业绩敏感性（Chahine and Goerge，2014），而在业绩上升时拥有更多非跨体制的社会资本的高管，薪酬业绩的敏感性相对要低（李四海等，2017）。（2）高管权力。上市公司管理者权力的存在会致使薪酬业绩敏感性下降（Finkelstein and Boyd，1998；Bebchuk and Fried，2005），其原因在于高管出于谋取私利的目的，会对自身薪酬契约的制定进行操纵，进而降低薪酬契约的激励效果。高管薪酬水平过高会加剧董事的代理问题，进而导致高管薪酬业绩敏感性降低（Dah and Frye，2017）。

3. 公司特征与高管薪酬业绩敏感性

公司治理结构与机制以及管理机制也能够对高管薪酬业绩敏感性产生影响。（1）所有权结构与股权结构。与民营企业相比，国资委对国企高管的考核并不局限于企业绩效水平，还包括诸如社会责任履行情况等。同时在国有企业中，高管的努力程度与企业绩效水平间的相关性较低，更加注重团队贡献以及相对公平性等因素，从而薪酬业绩敏感性较低（陈冬华等，2005；辛清泉等，2009），加藤和龙（Kato and Long，2006）的研究也发现类似结论。在多层级股权结构下，由于控制链长度下关联交易更复杂、信息不对称程度更高所引起的公司经营高风险会使高管薪酬业绩敏感性降低。较强的债务治理约束也会降低公司高管薪酬业绩敏感性（Rhodes，2016）。（2）治理机制。董事会结构与薪酬委员会结构对薪酬业绩敏感性存在显著影响（Conyon and Peck，1998；Kren and Kerr，1997），当大股东或股东代表担任薪酬委员会委员时会增强高管薪酬业绩敏感性（Conyon and He，2004；Sun and Cahan，2009）。同时，董事长与CEO两职分离也能够提升高管薪酬业绩敏感性（Firth et al.，2007）。考虑公司内部董事的关系，公司的内部董事网络结构越密集，董事会的工作强度越大，高管的薪酬业绩敏感性就越高（Renneboog and Zhao，2011）。此外，公司的风险特征以及规模特征也是影响高管薪酬业绩敏感性的重要变量（Baker and Hall，2004；Aggarwal and Samwick，1999）。

2.2.3 薪酬差距及其影响因素

"锦标赛"理论与公平理论是解释薪酬激励效应的两个基本理论。"锦标赛"理论认为，合理的薪酬差距能够激发低薪酬者为获得更高薪酬而做出更大努力；而公平理论认为，人会根据自身付出对所得形成预期，当实际所得与预期所得差距较大，就会使人产生不公平的感知，从而产生负激励效应。已有研究对薪酬差距的关注程度并不如对薪酬水平和薪酬业绩敏感性的关注，关注的重点也主要在薪酬差距的后果上。对于薪酬差距影响因素的研究主要是高管经历与才能（柳光强、孔高文，2018）、隐性激励（步丹璐等，2017）等方面，其他方面诸如性别、高管身份等与本研究直接关联不大，就不再一一陈述。虽然研究成果不多，但并不意味着对薪酬差距决定机制探讨不具有重要性，解决这一问题是有效发挥薪酬差距激励效应的前提。仅有少量的研究关注了并购与薪酬差距之间的关系，如李等（Lee et al.，2019）的研究表明薪酬过低的 CEO 会在并购中支付更高的收购溢价，但是 CEO 与高管团队之间的薪酬差距通过调整 CEO 对薪酬不平等的感知恢复不平等的动机，调节了 CEO 薪酬过低与收购溢价之间的关系。

2.3　企业创新与高管薪酬激励机制

薪酬水平研究的是薪酬激励程度的决定机制，薪酬业绩敏感性是可变薪酬的决定机制，垂直差距是个体之间薪酬差异的决定机制，货币化薪酬激励与股权激励之间的选择是激励形式的选择问题，这些共同构成了完整的薪酬契约的主要内容，也是薪酬激励研究的主要对象。已有研究主要从上述四个角度，探讨了高管薪酬激励与企业创新之间的关系。

2.3.1　企业创新与薪酬水平

薪酬水平是影响企业创新的重要因素，一般情况下，高管薪酬与企业创新研发规模成正比（Cheng，2004）。已有研究在不同场景中对薪酬水平影响企业创新的机制进行了检验。如，徐经长等（2019）以国有企业限薪令的政策实施为背景，探讨了高管相对货币薪酬降低对企业创新投入水平的影响，证实了高管货币化薪酬对企业创新投入的正向影响，并发现了限制高管薪酬水平后国有企业的相对创新投入水平降低的事实。李凤羽等（2021）发现实际控制人超额委派董事通过延长职位任期和增加货币薪酬降低了管理者对技术创新的风险厌恶，进而提升了企业的创新水平。高管特征是调节薪酬水平与高管创新之间的重要因素。逯东等（2020）研究发现，通过内部提拔高管的方式，能够提高高管薪酬水平与创新效率之间的敏感性，并且也降低了短期业绩下降对高管薪酬的影响，进而减缓对创新激励效应的削弱。这表明高管来源（选拔方式）会影响薪酬激励与企业创新之间的关系。此外，已有研究发现，企业创新与高管之间的关系会受到创新周期的影响，短期创新可能更依赖高管的努力，从而高薪酬水平能够促进企业创新产出的提升，但是从长期看企业创新更决定于自身的资源基础，薪酬的激励作用就不再明显（Balkin et al.，2000）。

2.3.2　企业创新与薪酬业绩敏感性

根据代理理论与最优薪酬契约理论，高管薪酬与业绩相挂钩有助于减少投资后高管滥用资源的行为，提高创新投资的效率（Francis et al.，2011）。基于自建式创新的视角，已有关于企业创新与薪酬契约的研究发现，高管薪酬以及绩效紧密联系起来并不利于企业的创新（Manso，2011）。这主要是由于创新是一种高风险、长周期的活动，高管在创新中的努力不能被及时反映到业绩上，通过将高管薪酬与股东财富紧密联系起来的最佳薪酬契约并不能有效地激励高管的创新活动。曼索（Manso，2011）的这一观点也得到埃德勒和曼索（Ederer and Manso，2013）实验研究结果的支持。国内学者解维敏（2018）、江伟和姚文韬（2015）也发现了类似的结论。还有研究认为，企业可以通过提高高管薪酬对研发投资的敏感性来抑制机会主义的管理研发投资行为（Tsao et al.，2015）。

也有研究认为，薪酬与业绩的挂钩能够影响高管的创新方式选择。因为研究与开发支出未来收益的不确定性很大，美国公认会计准则（GAAP）要求企业按实际支出计入研发支出。然而，当从外部获取技术时，公司被允许资本化收购成本。如果将会计盈余作为薪酬合同的绩效衡量标准，这种差别待遇会影响经理人的激励。研发投资会立即降低公司的会计收益。与此同时，研发投资的回报是不确定的，如果有回报的话，几年之后才会计入收益。相比之下，在收购活动中，会计收益与权益法或成本法下与被收购资产相关的成本和收益合理匹配。因此，基于会计的绩效衡量可能会鼓励管理者选择"买入"策略来获得创新（Xue et al.，2007）。

2.3.3 企业创新与薪酬差距

企业创新与薪酬差距的研究主要从"锦标赛"理论和公平理论（社会认知）的视角，考察薪酬差距对创新的激励作用。

第一，基于公平理论的视角，薪酬差距决定员工对企业知识资源的开发和利用，进而影响新创企业的创新精神，如果创新团队内部薪酬差异程度较高，可能因公平的失衡而导致更低的创新产出（Yanadori and Cui，2013）。江伟等（2018）认为，高管－员工薪酬差距过大时，会影响到创新新团队的合作关系，进而会促使创新转向实用化而影响创新质量。

第二，基于锦标赛理论视角，孔东民（2017）、林映芬等（Lin et al.，2013）发现薪酬差距对创新产出存在正向影响，支持了锦标赛理论；钟西等（Zhong et al.，2021）也同样发现了类似的结论，认为高管与员工之间的纵向薪酬差异能够促进创新绩效，但高管权力削弱了高管垂直薪酬差异对创新绩效的正向影响。也有研究基于外部"锦标赛"的视角，通过检验公司 CEO 与所在行业薪酬最高 CEO 间的薪酬差距衡量外部"锦标赛"效应，检验公司内外部薪酬差距对企业创新的影响，发现行业"锦标赛"激励提升了企业创新产出（梅春等，2019）。李文涛等（2018）的研究也发现，CEO 与其他高管的薪酬差距越大，企业研发投入越多，也同样支撑了"锦标赛"理论。

第三，公平与"锦标赛"双视角的研究，杨婵等（2017）考察了"锦标赛"和公平两个方面的共同影响，发现垂直薪酬差距与新创企业的创新精神之间呈显著的倒 U 形关系，即新创企业的创新精神随着垂直薪酬差距的扩大呈现先上升后下降的趋势。其主要原因在于锦标赛理论和社会比较理论对员工的双重影响存在边际效率相等的点，如果薪酬差距超过该临界点，则其对组织创新的激励作用呈现边际递减趋势。除高管–员工垂直薪酬差距外，已有研究还探讨了基于两个视角考察了内部横向薪酬差距与内外部薪酬差距对企业创新的影响。对于 CEO 和非 CEO 经理之间，以及非 CEO 经理之间的横向薪酬差距，研究发现，随着横向薪酬水平差距的增大，企业创新绩效呈现先提升后抑制的趋势（Sun et al.，2021），这与杨婵等（2017）的研究结论相一致。

2.3.4　企业创新与股权激励

股权激励对创新的影响是已有关于企业创新与股权激励关系研究的重点。现有研究结论包括正反两种观点。

一种观点认为股权激励能够促进创新。吴建锋和涂润婷（Wu and Tu，2007）发现，对高管授予股票期权激励能够促进企业的研发投入水平；勒纳和沃尔夫（Lerner and Wulf，2007）、李丹蒙和万华林（2017）发现，对高管授予股权激励能够提升创新产出水平；亚历山德里（Alessandri，2014）探讨了行为理论和代理理论交互作用下的企业研发投资决定机制，发现管理激励调节了这些行为理论变量和研发投资之间的关系，股票期权的使用正向调节了关系。马祖和赵杨（Mazouz and Zhao，2019）发现长期股权激励与收购威胁相结合时，对创新的影响更大，且股权薪酬更有可能刺激小企业以及高产品市场竞争和创新压力行业的企业进行创新。另外也有研究发现，对外部董事（Deutsch，2007）以及对员工（Chang et al.，2015；周冬华等，2019）实施股权激励能够促进企业的创新产出或提升企业创新能力。

另一种观点认为股权激励会抑制创新。由于股权激励使高管的薪酬与公司在资本市场的表现有直接联系，资本市场的压力会增加管理层的短视行为，扼制其创新动力（He and Tian，2013；Fang et al.，2014；Chemmanur and Loutskina，2014）。沈信翰和张浩（Shen and Zhang，2013）的研究发现，股权激励使高管风险承担水平提升，并可能导致过度投资于低效率的研发项目，从而损害企业创新效率。基于堑壕效应假说，股权激励也会增强高管抵御外部压力的能力，加剧代理问题，从而使高管在利用企业创新资源时有更大的动机追求个人利益，不利于提升企业的创新转化率（赵世芳等，2020）。

2.4　研究述评

通过对已有研究的回顾发现，公司高管薪酬契约的制定受到包括高管自身特征以及公司内外部因素等多方面影响。部分研究也已经关注了创新活动与上市公司高管激励之间的内在关系，然而已有研究在探讨公司创新与上市公司高管激励关系中，将创新活动限定于自建式创新，并主要考察了上市公司高管激励对创新的影响，忽视了基于并购的开放式创新模式这一与自建式创新投资存在明显不同的创新活动对上市公司高管激励的影响。针对现有研究可能存在的不足，本章提出以下补充意见：

第一，基于并购的开放式创新模式下创新成果（绩效）形成周期与创新风险的特殊性，以及该特征下基于并购的开放式创新对高管薪酬水平与薪酬业绩敏感性的影响，都有待探讨。

现有针对企业创新与薪酬业绩敏感性关系的研究的前提是将创新活动假定为具有高度不确定性以及风险性的活动，在创新活动未产生绩效之前的长期过程中，创新支出反映了对业绩的负面影响。在这种假定之下，已有研究认为企业创新不能够通过业绩薪酬对管理层进行激励。然而，根据创新投资特征所做出的上述假定忽视了采用基于并购的开放式创新获取创新资源的风险特征及其对业绩的影响。以基于并购的开放式创新获取技术等创新资源，一方面可能会降低创新活动结果的不确定性，另一方面可能产生对绩效立竿见影的影响。基于并购的开放式创新与自建式创新投资之间的风险特征差异及其与绩效之间的关系的差别，将怎样影响管理层薪酬业绩敏感性，将在本研究中做进一步探讨。

第二，基于并购的开放式创新模式下创新贡献主体变化，以及该特征下基于并购的开放式创新对高管－员工垂直薪酬差距的决定作用有待揭示。

现有研究认为管理层和员工在创新中承担了不同的责任，根据"锦标赛"理论，更高阶的高水平薪酬能够激发底层员工的创新精神；根据公平理论，过大的薪酬差距使底层员工感知的不公平降低了进行合作创新的意愿与其努力程度。然而，在基于并购的开放式创新下，企业的创新活动决策主体以及创新活动的执行主体与自建式创新相比存在明显的不同，基于并购的开放式创新的创新绩效更依赖于公司高管并购决策的合理性以及并购整合的执行情况，即对基于并购创新活动的激励应更倾向于公司高管层面，而直接创新投资所产生的创新绩效则主要来源于研发部门的员工与管理者的努力。针对基于并购的开放式创新模式下，创新绩效来源的变化以及激励主体的变化将怎样影响上市公司高管薪酬契约的制定，并将如何影响内部薪酬差距，将在本研究中做进一步研究。

第三，基于并购的开放式创新的特殊属性下，股权激励的特征有待进一步探讨。

股权激励与货币化薪酬激励是高管薪酬激励的两种重要模式，现有研究发现货币化薪酬在激励企业长期创新方面存在一定的不足，股权激励则可能在激励企业创新方面具有重要作用，股权激励与货币化薪酬激励的适用范围与激励效果在不同的条件下具有不同的效果。基于并购的开放式创新特征不同于自建式创新投资的特殊性将如何影响股权激励的选择，股权激励又将如何影响高管货币化薪酬激励，是特殊创新模式下有待探讨的问题。

货币化薪酬激励与股权激励是两种存在不同特征、在不同条件之下具有适用性的激励方式，存在着替代关系与互补关系。理论上，预期基于并购的开放式创新使创新绩效形成周期更短，使用货币化薪酬激励更有效，产生货币性薪酬激励对股权激励的替代效应，而在基于并购的开放式创新中对股权激励的应用可能会缩短有效期等措施，使股权激励在更短周期内发挥作用。本研究将根据货币化薪酬激励与股权激励的相关特征差异，提出基于并购的开放式创新模式下股权激励机制设计规律。

第 3 章

理论基础与理论分析框架

3.1 理论基础

3.1.1 企业创新理论

舒伯（Schumper，1934）以来，创新作为经济增长的动力以及企业层面绩效异质性的潜在来源被广泛认识，创新型组织也称为具有优越常规的组织的代名词。而个人角色是企业创新的微观基础（Felin and Foss，2005）。尤其是那些所谓的明星知识工作者或明星科学家能够为组织提供创新优势，主要是因为他们自身产生想法和知识的能力较强（Groysberg et al.，2008；Grigoriou and Rothaermel，2013）。同时，舒伯（Schumper，1934）的研究中指出，企业的创新很大程度上归结于企业家。企业家作为企业日常经营管理活动的领路人，同样是理性的经济人，会争取一切合理的方式增加经济收益。需要指出的是，企业家和发明家不应被混为一谈，虽然他们所从事的工作都和创新行为密切相关，但是企业家进行创新的目的在于其带来的收益，注重的是物质上的产出，而发明家则不同（代明等，2012）。因此对于企业家来说，作为经营活动中最高管理者，需要发挥创新这一关键职能的作用，通过发现创新机会，获取潜在收益（Dew and Sarasvathy，2007）。因此，从这一意义上看，高管激励机制对于企业创新的后果将产生直接的影响。

根据前文的概念界定与文献综述，"开放式创新"的概念首先由切斯布鲁（Chesbrough，2003a，2003b，2006）提出，他认为开放式创新是通过有目的的知识流入流出来加速创新的一种创新范式，在这种创新范式下会提升外部市场对创新的支持作用。这种新的创新范式展示了一些基本特征，例如可通过跨企业边界的渗透使企业和环境之间形成强而有效的互动，并使企业更容易获取和利用外部创新资源（Huang et al.，2015；Podmetina et al.，2018）。并购所带来的企业规模和知识基础扩张将增强企业的市场势力，并能加强企业创新投入的资金和知识支撑，即产生熊彼特效应（Schumpeterian effect）（陈爱贞、张鹏飞，2019）。所以，从理论上讲，并购也具有提升企业创新能力的作用。对于企业而言，采取开放式创新的思想以及与自身研发方向匹配的创新资源获取，为企业提升创新能力提供了一种新的可能，这种开放式的创新模式已经成为企业提升自身竞争力的必由之路。目前，对于开放式创新下高管激励机制如何设计的问题尚缺乏探讨。

3.1.2 委托代理理论

在代理理论范式下的研究中，学者们将委托人与代理人之间的契约作为分析单位。代理理论是建立在被代理人之间的关系上的，被代理人将特定的任务和决策指定给另一个被代理人。代理理论的焦点源于代理人会表现出机会主义行为的假设，特别是当他们的利益与委托人发生冲突时。在这两方之间，对相似利益的追求并不总是明显的，从而导致了代理问题。在20世纪70年代，经济思想的学者复兴了这些思想，并最终创造了代理理论（Jensen and Meckling，1976）。

代理问题提供了一系列理论假说来解释代理人投资行为。比如，有研究认为代理人把企业作为其获得私人利益的来源，从而导致企业资本的非效率投资（Rajan and Zingales，1998）。在现金流代理假说下，代理人往往把企业自由现金流投入能够为其带来私有利益的项目中，尽管这些项目净收益小于零，最终导致过度投资，资本使用效率低下（Jensen，1986）。帝国构建假说表明如果企业规模较大，将会给代理人带来非正常的收益，代理人有动机将资本使用到非效率的投资领域（Stulz，1990），这也将对高管权力产生一种维护效应（Morck et al.，1989）。企业的创新活动也是一种投资活动，如何降低创新活动中的代理成本是创新激励机制研究的一个重要出发点，也是创新激励作用机理分析的一个重要视角和方向。代理理论探讨了各种治理机制，通常集中在高管薪酬和治理结构上，这也是本书之所以要在代理关系下探讨创新激励机制的原因。

3.1.3 高管激励理论

1. 最优薪酬契约理论

代理研究的主要焦点是在各种控制环境下获得最优激励契约（Baiman，1982；Kuang and Moser，2009）。这种契约的目标是企业利润最大化，同时也要考虑到员工的理性和激励相容约束。最优薪酬契约理论就是研究经济行动者在信息不对称的情况下如何构建薪酬契约安排的理论。基于业绩的合同依赖于可观察和可验证的产出，通常可用于激励代理人为委托人的利益行事，这便是最优薪酬契约理论的核心思想。根据霍姆斯特伦（Holmström，1979）的最优契约理论，股东设计的薪酬契约是为了使公司绩效最大化，这取决于管理者的努力和一些随机噪声。公司绩效是可验证和明确可见的，然而，经理的努力是无法证实的，也很难观察到。最佳契约是根据管理者的努力给予报酬，这就需要股东投入时间和精力来监督管理者并收集这些信息。当股东这样做代价高昂时，可以使用明确的（但嘈杂的）绩效指标来确定经理的薪酬（次优合同）。豪布里奇（Haubrich，1994）指出，在合理的假设下，观察到的薪酬敏感性确实提供了足够的激励。这其中的基本思想是：高管薪酬与公司业绩之间具备敏感性，在对高管薪酬契约进行设计时需要将薪酬与公司的业绩之间关联起来，业绩增长的越多，高管薪酬也将越多。该理论设计的理念是通过薪酬业绩敏感性的使用将股东的利益与高管的个人利益有机结合，避免由于激励不足或过度激励所带来的效用损耗。基于业绩的激励方式的选择需要考虑业绩中反映高管努力的"信息量"，如果某种指标能有效、准确地反映高管努力行为（即富有信息量），则在薪酬契约中赋予较大的考核权重，反之则在薪酬契约中赋予较小的考核权重。如果激励基础选择不当而使业绩偏离高管的真实努力时，会降低高管薪酬的激励效果。创新是一种高不确定性活动，当企业从事较大规模的创新活动时，业绩对高管努力的反映就会降低，从而采用高薪酬业绩敏感性的激励方法就不是最优的选择，这也是已有研究发现创新激励机制具有低薪酬业绩敏感性的原因。然而，在基于并购的开放式创新模式下，创新风险的变化对薪酬模式的选择将会产生重要影响，而具体影响机制尚有待探讨。

2. 锦标赛理论与公平理论

锦标赛理论与公平理论是解释薪酬差距的重要理论基础，也是已有研究分析薪酬差距决定机制及其后果的重要依据。锦标赛理论认为适度薪酬差距能够发挥正向激励效果（Lazear and Rosen，1981；Main et al.，1993）。支持薪酬差距存在正向激励作用的研究并不少见。但是，薪酬差距对负激励效应也逐渐受到关注。基于晋升"锦标赛"的视角，"锦标赛"为每一位高管都带来了要持续面对的业绩压力（Arthaud-Day et al.，2006）。然而，公司业绩的可提升空间并不完全在于高管的努力，当受到其他客观限制就又不得不为获得更高薪酬而做出扭曲经营或者歪曲信息的行为（Zahra et al.，2005；Gilpatric，2011），如从事虚构会计业绩、隐瞒负面信息、进行非正常交易等损害公司价值的经营活动（Dye，1984；Shi et al.，2016）。

公平理论从另一个角度对薪酬差距的激励效应做出了解释。公平理论也被称为社会比较理论。其主要观点是，个人心理预期回报应与贡献相对等，并通过与组织内部或组织外部的比较，来判断所获得的公平性（Adams，1965），进一步个体会通过调整其对投入或产出的感知、改变其实际投入或实际收益等方式来缓解由不公平引致的紧张感（Cowherd and Levine，1992）。即个体在做出工作成绩并获得相应的报酬之后，不但会受到绝对报酬的影响，而且会受到相对报酬的影响，他们会通过比较来确认自己是否获得了相对合理、公平、公正的报酬。如果个体员工在比较时发现他们获得和其他员工相当的比率，他们就会感到比较愉快，因而会在以后努力工作；相反，如果个体通过比较发现他们的付出和收益的比率低于其他员工付出和收益的比率，他们就会感到不公平，直接降低他们的工作效率。在企业创新中也存在类似的情况，当创新团队内部薪酬差异程度较高时，可能因公平的失衡而导致更低的创新产出（Yanadori and Cui，2013）。

因此，企业在设计薪酬体系的时候，一定要将员工的薪酬设计放在首位，通过对比不同公司、不同岗位的薪酬并结合自身发展的情况设计出合理的薪酬体系，并确保此薪酬体系是建立在公平之上的。通常情况下，员工会通过比较他们和别人所获得的报酬来对自己的劳动报酬进行评价，而且这种比较和评价的结果会进一步影响他们未来的工作行为以及他们对工作的态度。因此，管理者在设计员工薪酬时，应该尽可能地制定公平、合理的薪酬标准，以避免员工出现消极情绪。尤其是当管理任务需要更多的高管技能或高管必须更努力地工作时，那么基于公平理论，高管应该得到更高的薪酬水平。对于创新而言，不同类型的创新活动对不同层次、不同职能的主体有着不同的要求，所需付出的努力也会存在差异性，为激励高管为创新付出努力就需要评估高管努力程度对创新产出所起决定作用的程度，并给予公平的报酬，这样才能使薪酬差距体现各方预期的公平。

3.2　理论分析框架

对基于并购的开放式创新对高管薪酬激励影响理论框架的构建主要分为以下三个方面的内容：首先，通过比较基于并购的开放式创新与内部直接创新投资两种创新模式，分析基于并购的开放式创新模式的基本特征，如创新风险特征、创新周期特征、创新决策与执行主体特征，重点分析基于并购的开放式创新与一般意义的创新投资特征之间的差别，为突出本研究建立企业创新与高管薪酬的理论框架的创新提供基础。其次，利用管理层薪酬契约制定的理论基础，解释基于并购的开放式创新的独特性对薪酬契约制定的总体影响。利用代理理论与最优薪酬理论，解释基于并购的开放式创新模式与直接创新投资在创新风险与创新周期以及对绩效影响存在的差别，以及这种差别对薪酬激励制定进一步的影响；利用公平理论解释基于并购的开放式创新与创新投资在创新活动实施主体，以及创新绩效贡献主体之间的差别对薪酬激励的影响。最后，分析基于并购的开放式创新对高管薪酬契约的影响机理。根据上述分析，建立基于并购的开放式创新对管理层薪酬契约三个维度的具体影响机理。

三个层级的理论分析基本框架如图 3 - 1 所示。

3.2.1　基于并购的开放式创新活动特征分析

根据本书对研究对象和核心概念的界定，基于并购的开放式创新是区别于自建式直接创新投资的模式。基于并购的开放式创新活动的特征主要表现在以下三方面：

一是基于并购的开放式创新是外部资源内部化为创新成果的创新范式。已有研究主要关注的自建式创新投资是通过广义资本配置驱动形成

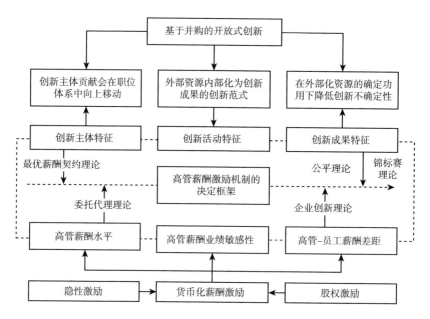

图 3 - 1　基于并购的开放式创新激励机制的理论分析框架

技术资本为主要范式的创新模式。基于公司财务的角度，自建式创新投资主要是通过投入人力资本与财力资本等，通过科学研究活动，将其转化为能够实现价值增值的技术资本。但是，这种创新模式的实现，一方面需要依靠财务资源等的支持，当企业面临融资约束时自建式创新的效率会降低（海本禄等，2021；杨理强等，2019；Hottenrott and Peters，2012）。另一方面还需要通过创新的基础，比如知识等。所以，限制企业资源的应用和外部知识的丰度都直接影响创新绩效和企业的搜索策略的广度和深度（Garriga et al.，2013）。当存在自身资源不足的情况下，公司会通过重新思考其当前和潜在的资源条件来塑造支持创新的资源优势（Kannan-Narasimhan and Lawrence，2018）。如果内部资源不足，则会通过外部资源的获取途径，建立创新的基础，甚至直接外购已经具备转化为技术资本条件的创新成果，如果这种方式通过并购来实现，那么基于并购的开放式创新就是一种通过外部资源内部化为创新成果形式的创新范式。

　　二是基于并购的开放式创新在外部化资源的确定功用下降低创新不确定性与创新成果的形成周期。创新产出的高不确定性及长周期性是自建式创新投资模式的主要特征。而在基于并购的开放式创新模式下，已有研究发现通过外部并购获取创新资源的同时也逐渐放缓自身研发投入（徐经长等，2020），这意味着基于并购的开放式创新模式下，外部资源的获取会降低基于自建的创新投资，而通过开放式创新所获取的很多是专用性资产、专用性人力资本，能够有效降低创新的不确定性（Hsieh et al.，2016），尤其是对于已经具备转化为技术资本条件的创新资源的获取，更能够以更确定的方式形成可转化为技术资本的创新资源，所以基于并购的开放式创新是一种能降低不确定性的创新模式，一定程度上替代了高不确定性的创新投资，即使未发生替代效应，基于并购的开放式创新本身所产生的创新成果也是较自建式创新具有更低的创新风险。同时，通过明确功用的外部创新资源内部化可以缩短创新成果的研究开发时间，一定程度上也降低了研究成果的形成周期。所以，基于并购的开放式创新在外部化资源的确定功用下降低了创新不确定性并缩短了创新成果的形成周期。

　　三是基于并购的开放式创新模式的创新主体贡献会在职位体系中向上移动。创新依靠人的创新意识与创新行动，企业创新更是一种依赖创新主体努力的活动。技术人员是企业技术创新的重要主体，他们基于自身技术专长从事研究开发活动而为企业创新做出核心贡献。但是，企业创新并非技术人员能够独立完成的，已有研究发现了大量关于企业高管在创新中的作用，企业高管的行为是影响组织创新的关键因素之一（Jung et al.，2008）。企业高管发起和实施变革，并通过影响企业战略决策、政策和程序来支持创新的中心位置，是促进支持创新的企业变革的关键代理人（Prasad and Junni，2016）。不同于自建式创新，通过外购获得创新资源的基于并购的开放式创新的创新成果并不直接来源于企业自身从事的研发活动，研发人员对基于并购的开放式创新的贡献也将降低。然而，企业高管作为企业并购的核心决策者，其决策力、沟通力、激励力和影响力是企业并购过程与整合效果的重要决定因素（唐兵等，2012）。所以，根据基于并购的开放式创新的创新成果形成机理以及公司职位的职能特征，在基于并购的开放式创新模式下，创新主体贡献会在职位体系中向上移动，公司高管的努力将比基层员工更重要。

3.2.2 基于并购的开放式创新模式下的高管薪酬激励机制选择

1. 创新薪酬激励的基本框架

为激励高管为创新而努力，目前管理实践使用的激励模式与学术研究所关注的模式主要包括货币性薪酬与股权激励两类。创新激励机制设计与激励模式选择主要决定于三个方面：

一是创新主体的特征。有效的创新激励机制，首先应是创新主体与创新激励主体的一致，这样激励措施才能够作用于创新活动之上。进一步讲，创新主体往往非单一结构，而是由职位体系的不同层级以及不同职责权限人员的共同参与和协作。同时，不同人员在创新中的努力对创新成果的形成有着不同的贡献。根据创新激励的理论基础，不同创新主体创新中所需要付出的努力程度、创新对高管才能的需求程度将决定着高管的薪酬水平；高管与员工之间在创新中的分工及其贡献差异将决定垂直薪酬差距。二是创新活动的特征。创新活动的进行需要高管主观意识和努力的推动，而不同类型创新活动的差异，如创新成果形成周期的差异，创新成果不确定性的差异，将决定高管承担的工作差异、参与创新活动的程度以及所需付出努力的程度。所以，不同创新活动的特征对高管创新行为的需求将决定创新激励机制的作用方向与薪酬激励水平。三是创新成果的特征。创新成果来源于创新活动，创新成果的形成也包括了高管努力通过创新机制向创新产出传导的过程。如果高管的努力与创新成果之间的确定性比较强，即高管能够通过自身努力显著降低不确定性时，那么根据最优契约理论，与产出相挂钩的业绩薪酬适用于对高管的激励；如果高管的努力对创新成果形成不确定性的影响较低，那么业绩薪酬的激励模式就不再适用。

2. 基于并购的开放式创新模式下的高管薪酬激励机制选择

前文已经完成了创新薪酬激励基本框架的推演。将基于并购的开放式创新模式下的创新特征嵌入创新薪酬激励机制设计分析框架，可得基于并购的开放式创新的高管薪酬激励机制的基本特征，以下分别从基于并购的开放式创新模式下的高管薪酬水平、高管薪酬业绩敏感性、高管 - 员工薪酬差距等方面对高管薪酬激励机制选择进行理论推演，如图 3 - 2 所示。

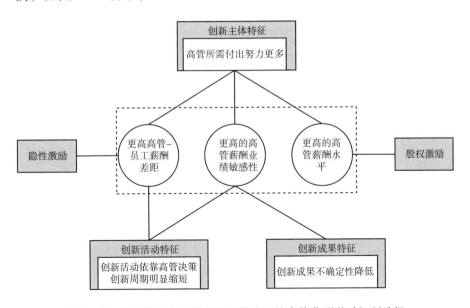

图 3 - 2　基于并购的开放式创新模式下的高管薪酬激励机制选择

第一，基于并购的开放式创新模式下的高管薪酬水平。基于并购的开放式创新模式下，创新主体贡献会在职位体系中向上移动，企业创新活动则包含了更多的来自公司高管层面的努力。根据最优薪酬契约理论，有效的激励应能够与个人的努力程度相挂钩。因此，在基于并购的开放式创新模式下高管薪酬应设定在较高的水平上。股权激励是一种重要的非货币化薪酬形式，这种激励方式同样能够产生较好的激励效果，股权激励与薪酬激励之间存在相互替代关系（Core et al.，2003），所以，预计在基于并购的开放式创新对高管薪酬激励的影响中也会受到股权激励的替代性影响，即：如果高管在并购发生的当期获得股权激励，那么货币性薪酬水平的提升程度将并不明显。

第二，基于并购的开放式创新模式下的高管薪酬业绩敏感性。基于并购的开放式创新通过外部资源内部化为创新成果的创新过程，以及在外部化资源的确定功用下实现创新资源转化的过程，将降低创新产出的不确定性并缩短创新成果的形成周期，这种模式下创新成功与否能够较为迅速且直接地反映到公司业绩中。所以，在基于并购的开放式创新下公司业绩能够更为及时地反映高管的努力与贡献，将高管薪酬与业绩挂钩能够有效地约束高管在创新投资活动中的机会主义行为。因此，为激励高管为基于并购的开放式创新付出更多努力，在高管薪酬契约的制定中应考虑提升薪酬业绩敏感性。

第三，基于并购的开放式创新模式下的高管－员工薪酬差距。在基于并购的开放式创新中，企业高管是更为核心的创新执行主体以及创新效率决定主体。根据公平理论，为保障高管的公平感知，在薪酬企业的制定中需要相对扩大高管与员工间的薪酬差距。值得关注的是，隐性激励如晋升、权力对高管的公平感知具有一定的弥补作用，因此隐性激励与薪酬之间具有一定的替代效应，能够一定程度上缩小高管与员工之间的垂直薪酬差距。

以上观点是基于理论基础与理论分析框架所推断的结论，后面将结合具体研究问题，针对基于并购的开放式创新模式下不同维度的高管薪酬决定机制进行理论分析、提出理论假设并进行实证检验，使理论分析更具客观性和系统性，使基于并购的开放式创新模式下的高管薪酬契约决定机制的理论框架更为丰富。

图3－3为在本书理论分析的基础上构建的逻辑框架，也是本书的实证研究框架。具体内容将在第4～6章中具体展开。

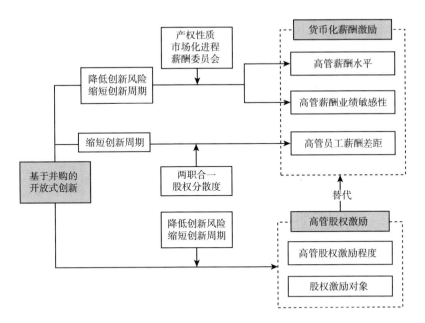

图 3 - 3 基于并购的开放式与高管薪酬激励机制的逻辑框架

第 *4* 章

基于并购的开放式创新对薪酬水平及薪酬业绩敏感性影响的研究

4.1 引　　言

　　根据前面的理论分析，与自建式创新投资相比，基于并购的开放式创新相对而言更加直接，一方面通过外购成熟的技术，有助于降低企业研发风险；另一方面基于并购的开放式创新能够有效缩短企业创新活动周期。同时，基于并购的开放式创新又是一种更决定于高管层面努力程度与才能的创新模式。那么，这些变化一方面将可能会影响补偿高管努力与才能的薪酬水平，同时与创新风险、创新周期紧密相关的薪酬业绩敏感性也将可能受到影响。本章首先从不涉及员工及其他方面的直接针对高管设计的货币化薪酬的两个维度——薪酬水平、薪酬业绩敏感性入手，探讨基于并购的开放式创新对高管薪酬激励的影响，探索基于并购的开放式创新模式下高管货币化薪酬决定机制的一般规律。

　　最优契约理论认为，在所有权与经营权分离和信息不对称的背景下，薪酬契约是实现高管个人利益与股东利益相兼容的一种主要机制

（Jensen and Meckling，1976；杜兴强、王丽华，2007）。高管薪酬与公司业绩之间应该存在很强的正相关关系，业绩薪酬可以将高管利益与股东利益很好地协同起来，激励高管做出更有效率的投资决策来创造价值。因此，事后高管薪酬与业绩相挂钩的考评机制能够降低高管滥用资源的行为，提高创新投资的效率（Francis et al.，2011）。然而，企业创新活动具有高风险、回报期长、失败率高等特征（Holmström，1989），因此高管在选择投资项目时，会规避风险较高的创新项目，并导致企业技术创新不足。所以已有研究认为，低薪酬业绩敏感性能够有利于激励高管为创新活动付出更大的努力程度。曼索（Manso，2011）的理论分析指出，通过将高管薪酬与股东财富紧密联系起来的最佳薪酬契约并不能有效地激励高管的创新活动。曼索（Manso，2011）的这一观点也得到埃德尔等（Ederer et al.，2013）实验研究结果的支持。国内学者解维敏（2018）、江伟等（2015）也发现了类似的结论。

然而，已有研究所揭示的关于企业创新对高管薪酬契约影响的内在机理，可能由于将企业创新活动限定于自建式创新投资，因而存在一定的局限性。与自建式创新投资不同，基于并购的开放式创新可以使企业在较短时间内获得目标公司的技术知识，并产生创新协同效应（Ahuja and Katila，2001；张学勇等，2018），从而降低自主创新所存在的风险（韩宝山，2017；Xue，2007），并能够在提升 R&D 投资产出的同时降低技术开发的前置时间（Bena et al.，2014），因此，相对于企业的自建式创新，基于并购的开放式创新能够显著降低创新活动的不确定性以及风险性。基于并购的开放式创新模式与自建式创新投资相比所存在的差别将如何影响上市公司高管薪酬契约的制定有待进一步揭示。此外，基于并购的开放式创新也是一种基于特殊目的的并购方式，已有研究主要从高管主观干预并购绩效信息的视角提出了高管薪酬的决定机制（王珏玮等，2016；毛雅娟等，2016），以及高管基于获取隐性激励的私利动机，进行低效并购决策的影响机制（赵妍、赵立彬，2018），然而在以创新为目的的特殊并购模式下，高管薪酬将如何受到影响尚有待探讨。

针对上述研究问题，本章采用2009～2017年沪深A股上市公司的数据，检验基于并购的开放式创新对上市公司高管薪酬水平与薪酬契约敏感性的影响。本研究的主要贡献在于以下三个方面：

第一，已有研究主要基于自建式创新特征，提出了低薪酬业绩敏感性的高管薪酬契约制定原则，本书通过考察另外一种重要的创新方式——基于并购的开放式创新模式的特征以及对薪酬契约制定的影响，发现在基于并购的开放式创新模式下，基于创新风险缓解效应存在以高薪酬业绩敏感性为特征的薪酬契约优化机制，丰富了创新导向下的高管薪酬契约决定机理的研究。第二，已有研究关注了一般性企业并购活动对高管薪酬契约制定的影响，基于高管主观干预并购绩效信息的视角提出了高薪酬水平的决定机制。与此不同，本章则将视角聚焦于基于创新目的的并购活动，基于开放式创新激励的角度为企业并购提升高管薪酬水平的机理做出新的解释，进一步丰富了并购活动对企业高管薪酬的影响机理，同时也扩展了企业高管薪酬影响因素的相关研究。第三，本章所揭示的基于并购的开放式创新模式对高管契约影响机理，对企业根据不同创新投资模式制定差异化的高管激励机制具有一定的指导意义。

4.2　理论分析与研究假设

4.2.1　基于并购的开放式创新与薪酬业绩敏感性

根据代理理论与最优薪酬契约理论，事后高管薪酬与业绩相挂钩的考评机制作为一种成本较低的内部治理机制，有助于减少投资后高管滥用资源的行为，提高创新投资的效率（Francis et al.，2011）。然而，与业绩相挂钩的薪酬也可能会降低高管进行创新活动的意愿，一方面创新投资具有风险较高、难以在短期内获取收益等特征，从而会降低高管事前进行创新投资的意愿（Holmström，1989）。创新活动的探索性质决定了其成败具有高度不确定性的特点，通过将高管薪酬与股东财富紧密联系起来的最佳薪酬契约并不能有效地激励高管的创新活动（Manso，2011）。另一方面创新投资具有专业性强、难以评价等特征，容易诱发事后的高管过度投资或者侵占创新投资资源等机会主义行为（卢锐，2014）。与业绩相挂钩的高管薪酬契约不利于企业创新的观点也得到曼索和埃德尔（Ederer and Manso，2013）研究的支持。国内学者解维敏（2018）、江伟和姚文韬（2015）等研究也发现了类似的结论。已有关于企业创新与薪酬业绩敏感性之间关系的研究，并未能够形成统一的结论。究其原因可能在于不同类型的创新模式本身的特征并不与已有研究所做出的假定完全一致。

风险高、周期长是自建式创新投资模式下技术研发的一般特征。与自建式创新投资不同，在基于并购的开放式创新模式下，创新成果的获取主要通过技术并购的手段获得，并通过技术整合形成创新产出。以并购为手段的创新投资能够有助于高起点、低成本、快速地实现创新（于开乐等，2008），使企业在较短时间内获得目标公司的技术知识，并产生创新协同效应（Ahuajia and Katila，2001；张学勇等，2017），从而降低自主创新所存在的风险（韩宝山，2017；Xue，2007），并能够在提升创新投资产出的同时降低技术开发的前置时间（Bena，2014），因此，以直接获取外部创新成果的基于并购的开放式创新投资，能够显著降低创新投资结果的不确定性，并能够有效缩短创新周期，降低长周期创新的失败风险。所以，基于并购的开放式创新投资显著降低了企业创新活动在时间与结果上的不确定性，企业创新风险相对于自建式创新更低。

基于上述关于基于并购的开放式创新模式与自建式创新投资模式的比较分析可知，两者在创新风险方面存在明显的差异。从而，已有研究关于创新投资高风险性的假定，在基于并购的开放式创新之上并不完全成立。基于并购的开放式创新投资通过缓解创新风险能够在较短周期迅速影响经营业绩，其成功与否能够较为迅速且直接地反映到公司业绩中。由此，相比于自建式创新投资模式，在基于并购的开放式创新模式下，公司业绩能够更为及时地反映高管的努力与贡献，将高管薪酬与业绩挂钩能够有效地约束高管在创新投资活动中的机会主义行为。因此，基于并购的开放式创新对高管薪酬业绩敏感性的影响主要是创新风险降低与短期创新产出提升，使业绩薪酬更适用于对高管的创新激励，因此为激励高管为基于并购的开放式创新付出更多努力，在高管薪酬契约的制定中会提升薪酬业绩敏感性。

此外，一般而言，伴随创新活动进行的 R&D 投资活动增加了公司与外部市场以及高管与股东之间的信息不对称问题，这为高管进行业绩操控提供了条件，使会计绩效存在噪声，无法真实反映高管的努力程度，霍姆斯特伦（Holmström，1979）认为当一个衡量管理者业绩的指标含有噪声时，就应该减少对这一指标的使用。所以在自建式创新投资方式下，会降低对业绩薪酬的使用。而在基于并购的开放式创新模式方式下，严格的并购信息披露要求、对并购动机以及并购程序甚至并购预期效果的审查，会降低高管通过基于并购的开放式创新模式操纵会计信息的机会，会计业绩可靠性的提升为制定与业绩挂钩的薪酬激励机制提供了条件。因此，发生基于并购的开放式创新的上市公司薪酬业绩敏感性会更高。

基于上述分析，提出本研究的假设：

H4 – 1：当上市公司进行基于并购的开放式创新时，上市公司的高管薪酬业绩敏感性会更高。

4.2.2 基于并购的开放式创新与薪酬水平

在上述分析逻辑的基础上，进一步考虑企业基于并购的开放式创新对高管薪酬水平的影响。根据前文分析，采取基于并购的开放式创新时，高管薪酬包含了更高程度的与业绩挂钩的薪酬，而基于并购的开放式创新对创新风险的缓解使高管更容易通过自身努力获得该部分可变薪酬。因此，从基于并购的开放式创新缓解创新风险的角度，高管会获得更高的薪酬水平。

不同创新模式下为取得创新成果付出努力的主体差异，也会影响高管薪酬水平的获得。企业创新的实现是公司不同层级人员共同努力的结果，不仅来源于高管人员和普通员工，更包括作为企业竞争优势重要载体的核心员工。核心员工是掌握技术研发方面与生产管理方面等核心能力的员工（王小琴等，2007；陈效东，2017）。企业不同层次员工与创新之间的关系反映了研发投资模式下的企业创新与员工职能之间的关系。基于并购的开放式创新是一种依托并购活动的创新模式，而企业并购决策的主体主要是企业高管，并购决策是企业高管的重要职责，高管动机与能力会对并购绩效产生重要影响（肖明、李海涛，2017；Bodolica and Spraggon，2009）。所以，在基于并购的开放式创新下，企业创新活动的决策与执行主体也将主要集中于公司高管层面，而普通员工对并购绩效的影响与贡献则相对较小。因此与自建式创新投资模式相比，在基于并购的开放式创新下企业的创新活动则包含了更多的来自公司高管的努力。根据最优薪酬契约理论，有效的激励应能够与个人的努力程度相挂钩。并且合理的薪酬水平需要与高管的能力与努力相匹配，如果高管所获得的薪酬水平与其自我感知的能力与努力不相匹配，则会失去激励作用甚至可能引发高管离职（Yao et al.，2018；王红芳等，2019）。因此，在基于并购的开放式创新下，高管付出努力与所获得的薪酬水平之间成正比，才能提升高管的公平感知并产生激励效应。

另外，现有从并购视角探讨高管薪酬水平决定机制的研究也发现，高管薪酬与并购增长和非并购内部增长均呈正相关关系，且前者的关系在量级上更大（Chen et al.，2017）。从基于并购的开放式创新的并购属性角度看，高管的薪酬水平也将会有所提升。

综上所述，在基于并购的开放式创新下，创新风险的降低会使高管更容易获得与业绩相挂钩的可变薪酬，并且从取得创新成果的决定主体看，高管在基于并购的开放式创新中的决定性更强，因此，高管通过自身努力来获得更高水平的可变薪酬的概率也更高。因此，当企业进行基于并购的开放式创新投资活动时，上市公司的高管薪酬水平会更高。

由此，提出以下假设：

H4－2：当上市公司进行基于并购的开放式创新时，上市公司的高管薪酬水平会更高。

4.3 实证研究设计

4.3.1 关键变量定义

Lnpay 为高管薪酬。本检验中薪酬主要是货币薪酬。柯尔等（Core et al., 2003）的研究指出，即使经理人持有数量较多的股票和期权组合，但是经理人绝大部分的激励都是由适度规模的奖金计划提供的，在利用相关经验数据进行检验时，也证明了来自现金报酬的激励比来自非现金报酬的激励更受重视，所以现金报酬是更好的经理人总报酬的代理变量。借鉴现有文献（魏刚，2000；王克敏、王志超，2007；雷光勇等，2010）的做法，选择上市公司年报中披露的"薪酬最高的前三位高级管理人员"作为高管，将前三位高级管理人员的薪酬取自然对数作为高管薪酬的衡量指标。

Innov_Merge 为是否采用基于并购的开放式创新的度量变量。当公司当期发生基于并购的开放式创新时，该变量赋值为1，否则为0。对于是否发生基于并购的开放式创新的判断包括以下三个方面：第一，上市公司的并购行为是以获得创新资源或提升创新能力为目的，具体要求满足以下条件之一：（1）在并购公告或问询函中所阐述的并购目标中明确

表达了获得技术、专业技术人才等意图，或明确表达了提升企业创新能力、开发新技术、发展创新产品等并购意图；（2）并购的对象是研发平台或者技术研发类的科技企业。第二，所涉及的并购事件必须是发生控制权转移的并购事件。在该变量的加工中，逐一查阅发生控制权变化的并购公告信息，分别对是否存在上述两个条件的情况进行编码，最后根据编码情况确定上市公司是否发生基于并购的开放式创新。

薪酬业绩敏感性的度量。延森和墨菲（Jensen and Murphy，1990）的研究中首次提出了薪酬业绩敏感性的测度方法，原文的解释为"将薪酬绩效敏感性定义为 b，即 CEO 财富的美元变化与股东财富变化相关性"，其中股东财富即公司业绩的度量采用了"会计年度 t 经通货膨胀调整后的普通股收益率"。后续关于薪酬业绩敏感性的度量沿用了上述基本方法，后续研究中对测度方法的改进主要在于：（1）对高管薪酬的测度一般采用高管薪酬的均值取自然对数；（2）对公司绩效的测度一般采用总资产收益率或净资产收益率（陈胜蓝、卢锐，2012；张列柯等，2019；蔡贵龙等，2018；刘慧龙，2017；姜付秀等，2014；Shaw and Zhang，2010；Cadman et al.，2010）。本书参考上述研究，采用总资产收益率度量经营业绩（Roa），在以薪酬水平为因变量的模型中，经营业绩变量及其与其他变量的交乘项系数反映了薪酬业绩敏感性。

参考陈胜蓝、卢锐（2012），刘慧龙（2017）等研究，考虑上市公司薪酬激励水平主要受公司规模、财务状况与成长性以及治理结构相关，在控制变量的选择上主要包括以下变量：公司规模（$Size$），采用公司当年年末总资产的自然对数来衡量；资产负债率（Lev），采用公司当年年末总负债/当年年末总资产衡量；公司成长性（$Growth$），采用公司当年主营业务收入的增长率来衡量；第一大股东持股比例（$Top1$）；上市公司的产权性质（$State$）。另外还在模型中控制了年度差异和行业差异，引入年度虚拟变量（$Year$）和行业虚拟变量（Ind）。

本章节所使用的主要变量及变量定义如表 4 - 1 所示。

表 4 - 1   变量定义

变量名称	符号	变量定义
高管薪酬水平	$Lnpay$	上市公司前三位高管薪酬总和的对数
公司业绩	Roa	总资产收益率
基于并购的开放式创新	$Innov\_Merge$	是否发生基于并购的开放式创新的虚拟变量，发生为 1，未发生为 0
公司规模	$Size$	总资产的自然对数
资产负债率	Lev	总负债除以总资产
成长性	$Growth$	营业收入增长率
年龄	Age	公司年龄的自然对数
股权结构	$Top1$	第一大股东的持股比例
董事会规模	$Boardsize$	董事会的董事人数
独立董事比例	$Indepent$	独立董事人数占总董事人数的比例
产权性质	$State$	国有企业为 1，非国有企业为 0
行业	Ind	根据上市公司的行业代码设定虚拟变量
年度	$Year$	根据样本年度设置虚拟变量

4.3.2　回归模型设计

为检验基于并购的开放式创新对上市公司高管薪酬契约敏感性的影响，设计模型（4-1）：

$$Lnpay = \alpha_0 + \alpha_1 Roa + \alpha_2 Roa \times Innov\_Merge + \alpha_3 Innov\_Merge$$

$$+ \sum Control + \sum Year + \sum Ind + \sigma \qquad (4-1)$$

在模型（4-1）中 α_2 表示基于并购的开放式创新对薪酬业绩敏感性的影响，当 α_2 显著大于零时，表示基于并购的开放式创新能够显著提升高管薪酬业绩敏感性。上述分析思路中认为，基于并购的开放式创新模式所产生的创新绩效具有周期短、风险低等特征，这种特征使与业绩挂钩的薪酬制度能够有效激励高管。所以，预期基于并购的开放式创新在短期对创新绩效的影响越大，则发生基于并购的开放式创新对薪酬业绩敏感性的影响程度越大。

为检验基于并购的开放式创新对上市公司高管薪酬水平的影响，设计模型（4-2）：

$$Lnpay = \beta_0 + \beta_1 Innov\_Merge + \sum Control + \sum Year + \sum Ind + \sigma$$

$$(4-2)$$

式（4-2）的 β_1 表示基于并购的开放式创新对薪酬水平的影响，当 β_1 显著大于零时，表示基于并购的开放式创新能够提升高管薪酬水平。

4.3.3　样本选择与数据来源

本章研究样本为我国沪深两市 A 股非金融类上市企业，样本期间为 2009~2017 年。本书所用数据主要来自 CSMAR 国泰安数据库。其中基于并购的开放式创新的度量变量为手工收集整理。在剔除了公司财务数据与高管个人信息的缺失值后，最终得到有效观测值 19462 个。为排除异常值影响，本书在上下 1% 分位数上对主要连续变量进行 winsorize 处理。

4.4　实证检验结果

4.4.1　描述性统计结果

表 4-2 报告了除行业和年度虚拟变量以外的所有其他变量的描述性统计结果。上市公司高管的薪酬水平（Lnpay）的均值为 14.28，最小值为 12.62，最大值为 16.22，标准差为 0.688，表明上市公司间高管薪酬差异较为明显，这为本研究探讨薪酬水平、薪酬业绩敏感性的关系提

表 4 - 2

描述性统计结果

变量名	样本量	均值	标准差	最小值	25%分位数	中位数	75%分位数	最大值
Lnpay	19462	14.28	0.688	12.62	13.83	14.26	14.69	16.22
Roe	19462	0.0639	0.105	-0.504	0.0291	0.0676	0.113	0.306
Roa	19462	0.0392	0.0497	-0.147	0.0139	0.0355	0.0639	0.187
Innov_Merge	19462	0.0431	0.203	0	0	0	0	1
Size	19462	22.07	1.265	19.71	21.15	21.89	22.79	25.97
Lev	19462	0.436	0.210	0.0502	0.267	0.433	0.600	0.886
Growth	19462	0.204	0.483	-0.554	-0.0193	0.119	0.293	3.231
Age	19462	2.821	0.304	1.946	2.639	2.833	3.045	3.466
Top1	19462	0.352	0.150	0.0872	0.232	0.333	0.454	0.750
Boardsize	19462	8.741	1.735	5	8	9	9	15
Indepent	19462	0.373	0.0528	0.333	0.333	0.333	0.429	0.571
State	19462	0.411	0.492	0	0	0	1	1

供了基础。*Innov_Merge* 的均值为 0.0431，表明上市公司发生过基于并购的开放式创新的样本占总样本的 4.31%，虽然不是一种普遍采用的创新模式，但是也形成了一定的规模。

表 4 – 3 为主要变量按是否发生基于并购的开放式创新（*Innov_Merge*）进行分组 t 检验的结果，*Lnpay*、*Roa* 两个变量在两组间的差异在 1% 的水平上显著为负，表示采用了基于并购的开放式创新的上市公司具有更高的高管薪酬水平与业绩，一定程度地验证了理论分析中提出的采用基于并购的开放式创新会提升高管薪酬水平的观点，而对于基于并购的开放式创新将如何影响薪酬业绩敏感性还有待进一步进行回归检验。

表 4 – 3 　　　　　　　　**主要变量分组均值 t 检验**

变量名	*Innov_Merge* = 1	Mean1	*Innov_Merge* = 0	Mean2	Meandiff
Lnpay	839	14.4054	18623	14.2701	0.1083 ***
Roa	839	0.0491	18623	0.0387	0.0103 ***
Dinovation	615	11.0829	10643	7.1243	3.9586 ***
Rin	594	0.1768	9496	0.2730	− 0.0962 ***

注：*** 表示 p < 0.01。

表 4 – 3 中，*Rin* 为创新风险，采用研发投入增长率是否高于利润增长率的虚拟变量来度量（王玉泽等，2019），当研发支出增长率高于净利润增长率时（*Rin* = 1），企业创新活动并未能够有效提升公司业绩，表明创新活动存在较高的风险，反之则不存在较高的创新风险。*Dinovation* 为短期创新绩效，为并购发生的下一期与当期创新产出的差异，创新产出采用发明专利申请数度量。该值在采用了基于并购的开放式创新模式的公司中更高，表明采用了基于并购的开放式创新模式能够显著提升公司短期创新绩效，缩短创新绩效产出周期。结果显示，发生基于并购的开放式创新组具有显著更低的创新风险，意味着基于并购的开放式创新降低了公司创新的不确定性。

4.4.2 相关性分析

表 4 – 4 列示了采用 Pearson 检验进行主要变量的相关性分析的结果。从结果上可以得到如下结论：第一，高管薪酬水平（*Lnpay*）与公司业绩（*Roa*、*Roe*[①]）变量之间在 1% 的水平上显著正相关，表示高管薪酬与业绩之间的强挂钩关系在上市公司中普遍存在，而基于并购的开放式创新是否影响了高管薪酬业绩敏感性还有待于进一步检验；第二，自变量（*Innov_Merge*）与高管薪酬水平（*Lnpay*）变量之间在 1% 的水平上显著正相关，表明基于并购的开放式创新显著提升了高管薪酬水平，与理论预期相符，为基于并购的开放式创新与高管薪酬水平假设的成立提供了初步证据。

4.4.3 回归检验结果

表 4 – 5 是针对理论分析中提出的主要假设的回归检验结果。在列（1）回归中，没有加入业绩与基于并购的开放式创新的交乘项，*Innov_Merge* 的回归系数为 0.0464，显著为正。这意味着，在其他因素不变的情况下，基于并购的开放式创新会提升高管薪酬水平。列（3）中加入了业绩与基于并购的开放式创新的交乘项，*Innov_Merge × Roa* 的系数显著为正，表明当上市公司进行基于并购的开放式创新时，上市公司的高管薪酬业绩敏感性会更高。由此，本书的假设 H4 – 1 与假设 H4 – 2 中，关于基于并购的开放式创新与薪酬水平、薪酬业绩敏感性之间的关系的假说得到了验证，表明采用了基于并购的开放式创新的上市公司更倾向于设计与业绩相挂钩的薪酬契约，这与自建式创新投资的高管薪酬契约制定的原则存在明显的不同。

---

① *Roe* 为采用净资产收益率的方式度量公司业绩，在稳健性检验部分使用。

表 4 - 4

相关性检验结果

变量	Lnpay	Roe	Roa	Innon_Merge	Size	Lev	Growth	Age	Top1	Boardsize	Indepent	State
Roe	0.269 ***	1										
Roa	0.237 ***	0.870 ***	1									
Innon_Merge	0.035 ***	0.029 ***	0.042 ***	1								
Size	0.448 ***	0.125 ***	-0.016	-0.026 ***	1							
Lev	0.082 ***	-0.144 ***	-0.380 ***	-0.063 ***	0.502 ***	1						
Growth	0.043 ***	0.201 ***	0.179 ***	0.061 ***	0.051 ***	0.040 ***	1					
Age	0.166 ***	-0.047 ***	-0.101 ***	-0.018 **	0.141 ***	0.170 ***	0.001	1				
Top1	0.012 *	0.116 ***	0.098 ***	-0.049 ***	0.230 ***	0.078 ***	0.000	-0.158 ***	1			
Boardsize	0.109 ***	0.034 ***	0.00100	-0.050 ***	0.282 ***	0.175 ***	-0.029 ***	0.00100	0.032 ***	1		
Indepent	-0.00200	-0.018 **	-0.021 ***	0.027 ***	0.020 ***	-0.015 ***	0.013 *	-0.025 ***	0.048 ***	-0.445 ***	1	
State	0.00400	-0.052 ***	-0.126 ***	-0.092 ***	0.342 ***	0.316 ***	-0.081 ***	0.093 ***	0.220 ***	0.281 ***	-0.065 ***	1

注：* 表示 $p < 0.1$，** 表示 $p < 0.05$，*** 表示 $p < 0.01$。

表 4 – 5　　　　　　基于并购的开放式创新与薪酬水平、

薪酬业绩敏感性回归检验结果

项目	（1）	（2）	（3）
	Lnpay	Lnpay	Lnpay
Innov_Merge	0.0464 **		– 0.0168
	（2.13）		（– 0.53）
Roa		1.5394 ***	1.5150 ***
		（5.02）	（4.94）
Innov_Merge × Roa			1.1397 **
			（2.24）
Size	0.3030 ***	0.2834 ***	0.2831 ***
	（30.11）	（27.86）	（27.85）
Lev	– 0.4853 ***	– 0.2798 ***	– 0.2778 ***
	（– 9.36）	（– 4.56）	（– 4.56）
Age	0.1229 ***	0.1184 ***	0.1189 ***
	（3.48）	（3.41）	（3.43）
Growth	– 0.0130	– 0.0442 ***	– 0.0452 ***
	（– 1.24）	（– 3.83）	（– 3.93）
Top1	– 0.1666 **	– 0.2224 ***	– 0.2215 ***
	（– 2.45）	（– 3.29）	（– 3.28）
Boardsize	0.0188 ***	0.0184 ***	0.0183 ***
	（2.95）	（2.92）	（2.91）
Indepent	– 0.2054	– 0.1654	– 0.1650
	（– 1.19）	（– 0.98）	（– 0.98）
State	– 0.1258 ***	– 0.1148 ***	– 0.1139 ***
	（– 5.41）	（– 4.99）	（– 4.96）
行业	控制	控制	控制
年度	控制	控制	控制
Constant	7.0086 ***	7.3202 ***	7.3248 ***
	（29.00）	（30.48）	（30.52）
R^2_adj	0.3309	0.3492	0.3495
N	19462	19462	19462

注：括号内为 t 值，** 表示 $p < 0.05$，*** 表示 $p < 0.01$。

4.5　稳健性检验

4.5.1　采用倾向得分匹配法进行稳健性检验

为避免样本选择性偏误问题，采用倾向评分匹配法估计基于并购的开放式创新对高管薪酬契约的处理效应。选择公司规模、资产负债率、公司年龄、第一大股东持股比例以及董事会结构作为匹配变量，进行 1：3 最近邻匹配。在进行倾向得分匹配的平衡性检验结果见表 4-6。从平衡性检验可以看出，匹配之后控制变量的 t 检验结果不拒绝处理组和控制组无显著差异的原假设，这说明通过倾向得分匹配后，进行了基于并购的开放式创新投资组与未进行基于并购的开放式创新投资组的特征差异得到较大程度的消除。

表 4-6　　　　　　　　倾向得分匹配的平衡性检验结果

| 变量 | 是否匹配 | 均值 | | t 检验 | | V(T)/V(C) |
		处理	控制	t	p 值	
Size	匹配前	21.912	22.073	-3.61	0.000	0.71 *
	匹配后	21.912	21.902	0.17	0.868	0.79 *
Lev	匹配前	0.374	0.439	-8.83	0.000	0.79 *
	匹配后	0.374	0.373	0.1	0.918	0.89
Top1	匹配前	2.795	2.822	-2.52	0.012	1.01
	匹配后	2.795	2.801	-0.44	0.657	1.00
Age	匹配前	0.317	0.354	-6.81	0.000	0.92
	匹配后	0.317	0.316	0.28	0.779	1.07
Boardsize	匹配前	8.333	8.759	-6.97	0.000	0.85 *
	匹配后	8.333	8.339	-0.09	0.931	1.04
Indepent	匹配前	0.379	0.372	3.77	0.000	1.16 *
	匹配后	0.379	0.377	0.69	0.488	1.09

注：* 表示 p < 0.1。

图 4-1 是处理前与处理后的对照组和处理组的密度函数拟合图。可以看出，匹配后两者的拟合程度明显优于匹配前，表明通过倾向评分匹配处理后能够一定程度消除核心自变量之外的样本特征差异所可能对检验结果产生的影响。

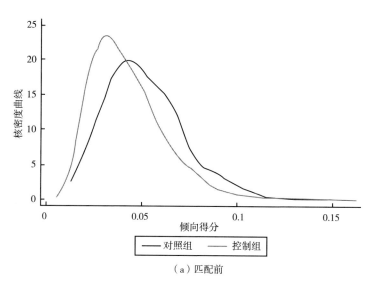

（a）匹配前

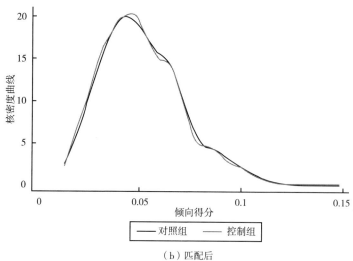

（b）匹配后

图 4-1 匹配前后密度函数

表 4-7 报告了采用倾向评分匹配处理样本以后对主要假设的回归检验结果。在列（1）中 *Innov_Merge* 的系数显著为正，在列（2）中，*Innov_Merge×Roa* 的系数也显著为正，表明基于并购的开放式创新提升高管薪酬水平与高管薪酬业绩敏感性的结论依然成立。

表 4-7   倾向得分匹配后的检验结果

项目	（1） *Lnpay*	（2） *Lnpay*
Innov_Merge	0.0625 ** (2.40)	-0.0151 (-0.36)
Roa		1.2032 * (1.73)
Innov_Merge×Roa		1.4389 ** (1.97)
Size	0.3096 *** (18.74)	0.2880 *** (16.92)
Lev	-0.4294 *** (-5.09)	-0.2320 ** (-2.38)
Age	0.0451 (0.85)	0.0465 (0.90)
Growth	-0.0507 * (-1.89)	-0.0748 *** (-2.74)
*Top*1	-0.3148 *** (-3.00)	-0.3692 *** (-3.53)
Boardsize	0.0171 (1.58)	0.0150 (1.40)
Indepent	0.0969 (0.36)	0.1023 (0.38)
State	-0.0555 (-1.56)	-0.0466 (-1.33)

续表

项目	(1)	(2)
	Lnpay	*Lnpay*
行业	控制	控制
年度	控制	控制
Constant	7.1044 *** (18.06)	7.4976 *** (18.96)
R^2_adj	0.2997	0.3201
N	3099	3099

注：括号内为 t 值，＊表示 p＜0.1，＊＊表示 p＜0.05，＊＊＊表示 p＜0.01。

4.5.2 基于创新视角的内生性问题的解决

从文献综述中可知，企业的激励机制会影响到企业高管的创新动机以及在创新中所付出的努力。而本书所讨论的是采取基于并购的开放式创新这种特殊创新模式是否会成为高管薪酬激励契约制定的影响因素，进而认识基于并购的开放式创新模式下的薪酬契约的制定规律。所以，从两者关系上可以认为，本研究可能会存在创新与激励之间互为因果的内生性问题。从逻辑上看，基于并购的开放式创新是一种特定的经营目标，企业为实现这一目标而制定相应的薪酬激励机制符合企业激励管理的规律。对于所有可能存在的内生性问题，采取如下方法解决：2013 年国务院 12 部委联合下发《关于加快推进重点行业企业兼并重组的指导意见》，对汽车、钢铁、水泥、船舶、电解铝、稀土、电子信息、医药等八个行业的兼并重组工作做出重点部署，其中通过兼并重组提升技术优势是指导意见明确提出的要求。在这一具有特定目标的指导意见要求下，八大相关行业在政策推动下将更可能发生基于并购的开放式创新，因此这一宏观政策为采用准自然实验和双重差分法（DID）解决内生性问题提供了条件。

为此，将属于上述八个行业的上市公司划分为处理组（*Treat* = 1），其他上市公司为对照组，以 2013 年为分界点，大于 2013 年为政策实施年度（$Post=1$）。如果 $Treat$ 与 $Post$ 交乘项显著大于零，则表明基于并购的开放式创新提升高管薪酬水平的理论假说在控制内生性后依然成立。

结果如表 4－8 所示，列（1） $Post \times Treat$ 的系数在 10% 的水平上显著大于零，从而考虑内生性问题后，基于并购的开放式创新影响高管薪酬水平的结论仍然成立。从 $Post \times Treat \times Roa$ 的系数看，虽然大于零但并不显著。

表 4－8　　　　　　　基于创新视角的内生性处理（DID）

项目	(1) Lnpay	(2) Lnpay
Post	0.1573 *** (9.78)	0.1922 *** (12.12)
Treat	− 0.1036 (− 1.52)	− 0.0732 (− 1.26)
Post × Treat	0.0381 * (1.75)	0.0311 (1.62)
Roa		1.4924 *** (14.56)
Post × Roa		− 0.3646 *** (− 3.46)
Treat × Roa		0.1053 (0.37)
Post × Treat × Roa		0.1876 (1.37)
Size	0.3110 *** (28.86)	0.2778 *** (26.57)
Lev	− 0.5029 *** (− 9.33)	− 0.3018 *** (− 5.55)
Growth	− 0.0143 (− 1.35)	− 0.0660 *** (− 6.18)

续表

项目	（1）	（2）
	Lnpay	Lnpay
Age	0. 1257 ***	0. 1155 ***
	（3. 48）	（3. 29）
Top1	− 0. 1749 **	− 0. 2599 ***
	（− 2. 49）	（− 3. 80）
Boardsize	0. 0197 ***	0. 0196 ***
	（2. 98）	（3. 02）
Indepent	− 0. 2048	− 0. 1296
	（− 1. 15）	（− 0. 75）
State	− 0. 1300 ***	− 0. 1082 ***
	（− 5. 34）	（− 4. 58）
行业	控制	控制
年度	控制	控制
Constant	7. 0413 ***	7. 6646 ***
	（26. 70）	（29. 93）
R^2_adj	0. 3306	0. 3625
N	19462	19462

注：括号内为 t 值，* 表示 p < 0.1，** 表示 p < 0.05，*** 表示 p < 0.01。

为避免样本选择性偏误问题，采用 4.5.1 节的方法，进行倾向评分匹配处理，并采取倾向评分匹配之后的样本进行回归。从回归结果（见表 4-9）可知，不仅列（1）中 $Post \times Treat$ 的系数在 5% 的水平上显著大于零，而且列（2）中 $Post \times Treat \times Roa$ 的系数也在 10% 的水平上大于零，进一步证明了本章假设。

表 4 - 9　　　　　　　　基于创新视角的内生性处理（PSM - DID）

项目	（1）	（2）
	Lnpay	*Lnpay*
Post	0. 3183 ***	0. 3886 ***
	（5. 35）	（6. 47）
Treat	- 0. 0427	0. 1011
	（ - 0. 41）	（0. 90）
Post × Treat	0. 1413 **	0. 0447
	（2. 17）	（0. 51）
Roa		1. 9792 ***
		（8. 81）
Post × Roa		- 0. 3609
		（ - 1. 17）
Treat × Roa		- 1. 5231 ***
		（ - 2. 97）
Post × Treat × Roa		1. 3071 *
		（1. 67）
Size	0. 3185 ***	0. 2818 ***
	（18. 16）	（16. 74）
Lev	- 0. 4300 ***	- 0. 2795 ***
	（ - 4. 94）	（ - 3. 29）
Growth	- 0. 0494 *	- 0. 0931 ***
	（ - 1. 82）	（ - 3. 48）
Age	0. 0497	0. 0459
	（0. 93）	（0. 88）
*Top*1	- 0. 3217 ***	- 0. 4365 ***
	（ - 3. 01）	（ - 4. 20）
Boardsize	0. 0177	0. 0152
	（1. 59）	（1. 40）

续表

项目	（1）	（2）
	Lnpay	*Lnpay*
Indepent	0.0828 （0.30）	0.1246 （0.46）
State	－0.0663 * （－5.34）	－0.0374 （－4.58）
行业	控制	控制
年度	控制	控制
Constant	6.9204 *** （16.80）	7.6289 *** （19.13）
R^2_adj	0.2998	0.3407
N	3099	3099

注：括号内为 t 值，＊表示 p＜0.1，＊＊表示 p＜0.05，＊＊＊表示 p＜0.01。

4.5.3 基于并购视角内生性问题的解决

米尼克等（Minnick et al. , 2010）认为，薪酬业绩敏感性能够提升薪酬合理化水平。他们通过实证研究发现，具有较高薪酬业绩敏感性的激励制度安排，能够提升企业并购行为的市场反应。张鸣和郭思永（2007）也发现了薪酬契约可能会影响公司高管进行并购决策的相关证据。由此看来，高管薪酬契约可能会反向影响上市公司高管的并购动机，并进一步影响上市公司是否采取基于并购的开放式创新，因此高管薪酬契约与基于并购的开放式创新之间可能存在内生性问题。为避免内生性问题对检验结果的影响，本研究仅保留了当期发生控制权转移的并购事件的样本，所有被保留的样本都发生了并购，这样就将所有样本置于发生并购的条件中，有效避免了高管薪酬激励契约与是否发生并购之间的反向影响关系。

对所保留的样本进行回归检验。检验结果如表 4 - 10 所示。在列（1）中 *Innov_Merge* 的系数显著为正，在列（2）中，*Innov_Merge × Roa* 的系数也显著为正。表明基于并购的开放式创新提升高管薪酬水平与高管薪酬业绩敏感性的结论依然成立。此外，回顾前文并购对高管薪酬激励的决定作用的相关研究可知，企业并购本身会对高管薪酬产生影响，本章以发生并购的上市公司为样本有效控制了发生并购对研究结果造成的影响。

表 4 – 10　　　　　　仅保留发生并购样本的检验结果

项目	（1） Lnpay	（3） Lnpay
Innov_Merge	0.0465 * （1.78）	0.0085 （0.21）
Roa		2.3387 *** （7.06）
Innov_Merge × Roa		1.3421 * （1.94）
Size	0.3543 *** （18.96）	0.3272 *** （17.45）
Lev	– 0.5924 *** （– 6.83）	– 0.3324 *** （– 3.74）
Age	0.0411 （0.72）	0.0555 （0.99）
Growth	– 0.0272 （– 1.31）	– 0.0591 *** （– 2.90）
Top1	– 0.0534 （– 0.47）	– 0.1651 （– 1.48）
Boardsize	0.0129 （1.17）	0.0117 （1.06）
Indepent	– 0.2961 （– 1.02）	– 0.2763 （– 0.97）

续表

项目	（1）	（3）
	Lnpay	Lnpay
State	− 0.0405 （ − 0.95）	− 0.0284 （ − 0.68）
行　业	控　制	控　制
年　度	控　制	控　制
Constant	6.1886 *** （13.97）	6.5937 *** （14.96）
R^2_adj	0.3319	0.3562
N	3365	3365

注：括号内为 t 值，＊表示 p < 0.1，＊＊＊表示 p < 0.01。

此外，考虑到并购会影响薪酬的问题，本研究还在控制变量中加入了样本企业当期是否发生并购作为控制变量的检验。对因"并购"引起的薪酬契约的影响进行控制，从多元回归模型控制变量作用的角度看，这种处理方法能够有效地从自变量中分离出因"并购"对薪酬契约的影响。主要回归检验结果如表 4 – 11 所示。

表 4 – 11　　　　控制当期是否发生并购（Nm）的回归结果

项目	（1）	（2）	（3）	（4）
	Lnpay	Lnpay	Lnpay	Lnpay
Innov_Merge	0.0436 ** （2.09）		− 0.0205 （ − 0.59）	− 0.0225 （ − 0.63）
Roa		1.5362 *** （5.01）	1.5130 *** （4.94）	
Innov_Merge × Roa			1.1414 ** （2.24）	
Roe				1.2575 *** （17.29）

续表

项目	（1）	（2）	（3）	（4）
	Lnpay	Lnpay	Lnpay	Lnpay
Innov_Merge × Roe				0.7309 ** (2.39)
Size	0.3019 *** (29.83)	0.2822 *** (27.60)	0.2821 *** (27.63)	0.2703 *** (27.53)
Lev	−0.4879 *** (−9.41)	−0.2824 *** (−4.61)	−0.2804 *** (−4.60)	−0.2961 *** (−5.68)
Age	0.1226 *** (3.47)	0.1182 *** (3.41)	0.1186 *** (3.42)	0.1130 *** (3.29)
Growth	−0.0143 (−1.37)	−0.0459 *** (−3.99)	−0.0462 *** (−4.03)	−0.0640 *** (−6.15)
Top1	−0.1658 ** (−2.44)	−0.2210 *** (−3.27)	−0.2208 *** (−3.27)	−0.2505 *** (−3.77)
Boardsize	0.0190 *** (2.98)	0.0185 *** (2.95)	0.0185 *** (2.93)	0.0187 *** (3.00)
Indepent	−0.2013 (−1.16)	−0.1618 (−0.96)	−0.1614 (−0.95)	−0.1237 (−0.74)
Nm	0.0251 ** (2.07)	0.0257 ** (2.28)	0.0220 * (1.85)	0.0192 (1.63)
State	−0.1233 *** (−5.29)	−0.1119 *** (−4.85)	−0.1117 *** (−4.85)	−0.1016 *** (−4.48)
行业	控制	控制	控制	控制
年度	控制	控制	控制	控制
Constant	7.0253 *** (28.98)	7.3384 *** (30.47)	7.7445 *** (30.45)	8.0183 *** (32.24)
R^2_Adj	0.3311	0.3494	0.3496	0.3623
N	19462	19462	19462	19462

注：括号内为 t 值，＊表示 p＜0.1，＊＊表示 p＜0.05，＊＊＊表示 p＜0.01。

4.5.4 采用自变量滞后项的检验

关于薪酬契约决定机制的研究有采用自变量滞后期也有采用自变量当期值，其选择标准并没有研究专门进行论证，这里对是否采用自变量滞后项进行进一步探讨。一方面，薪酬契约作为一种激励机制的目的是起到事前激励的作用，为激励高管在基于并购的开放式创新中付出更多努力，那么激励机制应该在事先被安排，这样发生基于并购的开放式创新的企业对高管薪酬水平的提升应该是在当期就会发生。另一方面，对薪酬业绩敏感性的影响也是如此。薪酬与业绩之间挂钩的关系是薪酬契约制定中所确定的一种机制，也是自薪酬契约制定就会产生的一种结果。为激励高管更积极进行基于并购的开放式创新，在薪酬契约制定的时机选择上也应与基于并购的开放式创新的发生具有一致性。因此，基于这一逻辑我们认为采用自变量当期值更为合理。

但是，为防止部分企业在制定薪酬契约时会根据高管努力的业绩而做出调整，并产生与基于并购的开放式创新在时间上的滞后关系。本章也采用自变量滞后一期项作为自变量进行了检验，结果如表 4 – 12 所示。

表 4 – 12　　　　　　　　采用自变量滞后项的检验结果

项目	(1)	(2)
	Lnpay	*Lnpay*
L. Innov_Merge	0.0631 *** (2.81)	0.0438 (1.27)
Roa		2.4547 *** (13.11)
Innov_Merge × Roa		– 0.8621 * (– 1.79)

续表

项目	（1）	（2）
	Lnpay	Lnpay
Size	0.3039 ***	0.2753 ***
	(28.53)	(26.34)
Lev	-0.4836 ***	-0.2133 ***
	(-8.70)	(-3.77)
Age	0.1536 ***	0.1504 ***
	(3.98)	(4.00)
Growth	-0.0206 *	-0.0100
	(-1.76)	(-0.86)
Top1	-0.1684 **	-0.2435 ***
	(-2.32)	(-3.44)
Boardsize	0.0160 **	0.0154 **
	(2.42)	(2.37)
Indepent	-0.2416	-0.1827
	(-1.35)	(-1.05)
State	-0.1219 ***	-0.0961 ***
	(-5.01)	(-4.03)
行业	控制	控制
年度	控制	控制
Constant	7.1043 ***	7.8810 ***
	(27.24)	(29.74)
R^2_adj	0.3177	0.3451
N	16124	16124

注：括号内为 t 值，* 表示 p < 0.1，** 表示 p < 0.05，*** 表示 p < 0.01。

表 4 - 12 的结果显示，滞后一期的薪酬水平仍然会因采用了基于并购的开放式创新模式而提升，但是薪酬业绩敏感性并未因此而发生变化，这表明薪酬契约的变化与并购发生是具有时间上的同步性的。

4.5.5　其他稳健性检验

除上述稳健性检验外，本研究还进行了如下方面的稳健性检验：

第一，采用净资产收益率度量业绩，并对基于并购的开放式创新影响高管薪酬业绩的模型进行了回归检验，相关结论未发生变化。

第二，考虑到金融危机对并购市场和企业创新的影响可能会导致研究结果的不确定性，在稳健性检验中剔除了 2010 年之前的样本进行了回归检验，相关结论同样也未发生变化。

4.6　进一步检验

4.6.1　创新风险的中介作用机制检验

理论分析认为，基于并购的开放式创新模式具有风险低、周期短等特征，这种特征使与业绩挂钩的薪酬制度与提高薪酬水平能够有效激励高管。即：创新风险高容易对经营业绩带来不确定性，如果以高薪酬业绩敏感性确定高管薪酬，那么高管就很可能为了规避风险而降低创新动机，所以一般意义上讲，为激励高管创新可采用低薪酬业绩敏感性的做法，这也是现有文献的发现。反之，基于并购的开放式创新降低了创新风险，那么创新与业绩之间的正向关系就更为密切，这种情况下选择高薪酬业绩明显更有利于激励高管提高创新意愿。所以，预期基于并购的开放式创新模式对创新风险的缓解作用以及对短期创新绩效的提升作用，能够进一步提升高管薪酬水平与薪酬业绩敏感性。所以预期创新风险的降低与短期创新绩效的提升会在基于并购的开放式创新模式对高管薪酬契约影响机制中起到中介作用。

本章首先检验创新风险的中介效应。借鉴王玉泽等（2019）的研究，根据当年的研发支出增长率是否大于净利润的增长率设置虚拟变量度量创新风险，当研发支出增长率高于净利润增长率时（$Rin = 1$），企业创新活动并未能够有效提升公司业绩，这种情况下认为创新活动能为公司带来正向业绩是存在风险的，反之则不存在。参考温忠麟、叶宝娟（2014）检验中介效应以及有调节的中介模型检验方法，进行如下检验：

第一，创新风险基于并购的开放式创新影响薪酬水平的中介效应的检验。

该检验的步骤为，先对模型（4-3）与模型（4-4）进行检验。再检验模型（4-5）。

$$Lnpay = \alpha_0 + \alpha_1 Innov\_Merge + \sum Control$$
$$+ \sum Year + \sum Ind + \sigma \qquad (4-3)$$

$$Logit(Rin) = \alpha_0 + \alpha_1 Innov\_Merge + \sum Control$$
$$+ \sum Year + \sum Ind + \sigma \qquad (4-4)$$

$$Lnpay = \alpha_0 + \alpha_1 Innov\_Merge + \alpha_2 Rin + \sum Control$$
$$+ \sum Year + \sum Ind + \sigma \qquad (4-5)$$

如果模型（4-3）的系数 α_1 显著为正、模型（4-4）的系数 α_1 显著为负、模型（4-5）中 α_1 不显著为正但 α_2 显著为负，则表明创新风险的降低在基于并购的开放式创新模式影响薪酬水平中起到完全中介效应。模型（4-3）的检验结果在表4-5的列（1）中列示，模型（4-4）的检验结果在表4-13的列（1）中报告，$Innov\_merge$ 的系数显著为负，表明采用基于并购的开放式创新模式能够显著降低公司创新投资风险。进一步，模型（4-5）的检验结果在表4-13的列（2）中报告，$Innov\_merge$ 的系数不显著为正，但 Rin 的系数显著为负。上述结果表明，创新风险的降低在基于并购的开放式创新模式对高管薪酬水平影响机制中起到完全中介作用。

表 4 - 13　　　　　　　　创新风险的中介作用检验结果

项目	(1)	(2)	(3)
	Rin	Lnpay	Lnpay
Innov_Merge	- 0. 2491 ** (- 2. 13)	0. 0374 (1. 61)	0. 0474 (1. 14)
Rin		- 0. 0990 *** (- 7. 84)	- 0. 0247 (- 1. 60)
Roa			2. 9013 *** (11. 92)
Innov_Merge × Roa			- 0. 2803 (- 0. 44)
Rin × Roa			- 1. 1775 *** (- 4. 40)
Size	- 0. 1238 *** (- 4. 48)	0. 2995 *** (47. 26)	0. 2667 *** (21. 37)
Lev	0. 5904 *** (3. 94)	- 0. 5230 *** (- 15. 27)	- 0. 1846 *** (- 2. 83)
Age	- 0. 0875 (- 0. 96)	0. 1589 *** (7. 82)	0. 1470 *** (3. 52)
Growth	- 2. 1880 *** (- 20. 10)	- 0. 0139 (- 0. 98)	- 0. 0757 *** (- 4. 53)
Top1	0. 4977 *** (2. 82)	- 0. 1511 *** (- 3. 78)	- 0. 2275 *** (- 2. 96)
Boardsize	- 0. 0102 (- 0. 57)	0. 0144 *** (3. 54)	0. 0136 * (1. 90)

续表

项目	（1）	（2）	（3）
	Rin	*Lnpay*	*Lnpay*
Indepent	− 0. 2063 （ − 0. 40）	− 0. 1079 （ − 0. 91）	− 0. 0718 （ − 0. 37）
State	0. 1254 ** （2. 09）	− 0. 0940 *** （ − 6. 79）	− 0. 0763 *** （ − 2. 85）
行业	控制	控制	控制
年度	控制	控制	控制
Constant	1. 7100 ** （2. 57）	7. 2243 *** （47. 92）	7. 7073 *** （25. 90）
R^2_adj	—	0. 2899	0. 3232
N	10083	10083	10083

注：列（1）中因变量 *Rin* 为虚拟变量，采用 Logit 回归，括号内为 z 值，其他列括号内为 t 值，∗ 表示 p < 0.1，∗∗ 表示 p < 0.05，∗∗∗ 表示 p < 0.01。

第二，创新风险基于并购的开放式创新模式对影响薪酬业绩敏感性的中介效应的检验。

该检验的步骤为，先对模型（4 − 6）与模型（4 − 7）进行检验。再检验模型（4 − 8）。

$$Lnpay = \alpha_0 + \alpha_1 Roa + \alpha_2 Roa \times Innov\_Merge + a_3 Innov\_Merge$$
$$+ \sum Control + \sum Year + \sum Ind + \sigma \qquad (4 - 6)$$

$$Rin = \alpha_0 + \alpha_1 Innov\_Merge + \sum Control$$
$$+ \sum Year + \sum Ind + \sigma \qquad (4 - 7)$$

$$Lnpay = \alpha_0 + \alpha_1 Roa + \alpha_2 Roa \times Innov\_Merge + \alpha_3 Roa \times Rin$$
$$+ \alpha_4 Innov\_Merge + \alpha_5 Rin + \sum Control$$
$$+ \sum Year + \sum Ind + \sigma \qquad (4 - 8)$$

如果模型（4 − 6）的系数 α_2 显著为正、模型（4 − 7）的系数 α_1 显

著为负、模型（4-8）中 α_2 不显著为正但 α_3 显著为负，则表明创新风险的降低在基于并购的开放式创新对影响薪酬业绩敏感性中起到完全中介效应。

模型（4-6）的检验结果在表4-5的列（3）中列示，模型（4-7）与模型（4-4）相同，检验结果在表4-13的第（1）列中报告，*Innov_Merge* 的系数显著为负；进一步，模型（4-8）的检验结果在表4-13的列（3）中报告，*Innov_Merge × Roa* 的系数不显著，但 *Rin × Roa* 的系数显著为负。上述检验结果表明，创新风险的降低在基于并购的开放式创新对高管薪酬业绩敏感性影响机制中起到完全中介作用。

4.6.2 短期创新绩效的中介作用机制检验

基于并购的开放式创新目的为获得创新资源，促进创新产出。在这一机制下，如果能够提供证据证明企业通过影响当期创新产出的变化（现有研究以专利度量），并由此影响高管薪酬，那么就可以说明基于并购的开放式创新之后的创新产出（专利）变化是影响高管薪酬激励契约制定的决定机制。

对此，以基于并购的开放式创新为自变量，以薪酬契约为因变量，以创新产出的一阶差分为中介变量进行检验。根据理论分析，基于并购的开放式创新所产生的创新绩效具有周期短等特征，这种特征使与业绩挂钩的薪酬制度和提高薪酬水平能够有效激励高管。所以，预期基于并购的开放式创新能够通过提升短期创新产出，进而提升高管薪酬水平与薪酬业绩敏感性。进一步检验基于并购的开放式创新对短期创新绩效的提升，在基于并购的开放式创新影响高管薪酬契约中的中介效应。为检验短期创新绩效的中介效应，本研究设置了短期创新绩效度量变量（*Dinovation*），度量方法为下一期与当期创新产出的差异，创新产出采用发明专利申请数度量。短期创新绩效为正向指标，中介效应为基于并购的开放式创新通过提升短期创新绩效来提升高管薪酬水平与高管薪酬业绩敏感性。具体检验方法如下：

第一，创新产出变化在基于并购的开放式创新影响薪酬水平中的中介效应检验。分别按照以下三个模型逐步进行检验：

$$Lnpay = \alpha_0 + \alpha_1 Innov\_Merge + \sum Control$$
$$+ \sum Year + \sum Ind + \sigma \qquad (4-9)$$

$$Dinnovation = \alpha_0 + \alpha_1 Innov\_Merge + \sum Control$$
$$+ \sum Year + \sum Ind + \sigma \qquad (4-10)$$

$$Lnpay = \alpha_0 + \alpha_1 Innov\_Merge + \alpha_2 DInnovation$$
$$+ \sum Control + \sum Year + \sum Ind + \sigma \qquad (4-11)$$

如果模型（4-9）的系数 α_1 显著为正、模型（4-10）的系数 α_1 也显著为正、模型（4-11）中 α_1 不显著为正但 α_2 显著为正，则表明创新产出在基于并购的开放式创新影响薪酬水平中起到完全中介效应。

第二，创新产出变化在基于并购的开放式创新影响薪酬业绩敏感性中的中介效应检验。该检验的步骤为，先对模型（4-12）与模型（4-13）进行检验，再检验模型（4-14）。

$$Lnpay = \alpha_0 + \alpha_1 Roa + \alpha_2 Roa \times Innov\_Merge + a_3 Innov\_Merge$$
$$+ \sum Control + \sum Year + \sum Ind + \sigma \qquad (4-12)$$

$$Dinnovation = \alpha_0 + \alpha_1 Innov\_Merge + \sum Control$$
$$+ \sum Year + \sum Ind + \sigma \qquad (4-13)$$

$$Lnpay = \alpha_0 + \alpha_1 Roa + \alpha_2 Roa \times Innov\_Merge$$
$$+ \alpha_3 Roa \times Dinnovation + \alpha_4 Innov\_Merge$$
$$+ \alpha_5 Dinnovation + \sum Control + \sum Year$$
$$+ \sum Ind + \sigma \qquad (4-14)$$

如果模型（4-12）的系数 α_2 显著为正、模型（4-13）的系数 α_1 也显著为正、模型（4-14）中 α_2 不显著为正但 α_3 显著为正，则表明短期创新绩效在基于并购的开放式创新影响薪酬业绩敏感性中起到完全中介效应。

表4-14的列（1）中 Innov_merge 的系数显著为正，表明基于并购的开放式创新能够显著提升短期创新绩效，这也意味着基于并购的开放式创新模式下创新业绩的形成周期将会缩短。进一步，在列（2）中报告，Innov_merge 的系数不显著为正，但 Dinovation 的系数显著为正。上述结果表明，短期创新绩效在基于并购的开放式创新对高管薪酬水平影响机制中起到完全中介作用。在表4-14的列（3）中报告，$Innov\_Merge \times Roa$ 的系数不显著为正，但 $Dinovation \times Roa$ 的系数显著为正。上述结果表明，短期创新绩效的提升在基于并购的开放式创新对高管薪酬业绩敏感性影响机制中起到完全中介作用。

表4-14　　　　　　　短期创新绩效的中介作用检验结果

项目	（1） Dinovation	（2） Lnpay	（3） Lnpay
Innov_Merge	2.6432 ** （2.42）	0.0223 （0.96）	-0.0039 （-0.10）
Dinovation		0.0006 *** （2.85）	-0.0005 （-1.26）
Roa			1.9879 *** （3.92）
Innov_Merge × Roa			0.3996 （0.64）
Dinovation × Roa			0.0183 ** （2.40）
Size	5.2047 *** （19.03）	0.3017 *** （51.33）	0.2739 *** （20.27）

续表

项目	（1）	（2）	（3）
	Dinovation	Lnpay	Lnpay
Lev	−2.7024 * （−1.70）	−0.5359 *** （−15.98）	−0.2458 *** （−3.04）
Age	−1.9637 ** （−2.03）	0.1662 *** （8.12）	0.1517 *** （3.47）
Growth	5.1477 *** （8.34）	−0.0142 （−1.09）	−0.0644 *** （−3.62）
Top1	0.3026 （0.17）	−0.1897 *** （−4.92）	−0.2566 *** （−3.14）
Boardsize	−0.1518 （−0.86）	0.0165 *** （4.43）	0.0152 ** （2.11）
Indepent	1.0580 （0.20）	−0.0976 （−0.89）	−0.0420 （−0.22）
State	0.4192 （0.69）	−0.1071 *** （−8.31）	−0.0924 *** （−3.38）
行业	控制	控制	控制
年度	控制	控制	控制
Constant	−104.9738 *** （−15.67）	7.0021 *** （48.88）	7.4573 *** （23.92）
R^2_adj	0.0768	0.3084	0.3367
N	11258	11258	11258

注：括号内为 t 值，* 表示 $p < 0.1$，** 表示 $p < 0.05$，*** 表示 $p < 0.01$。

4.6.3　产权性质的进一步影响检验

由于历史与体制等原因，国有上市公司和民营上市公司之间存在着迥异的薪酬决定机制（王志强等，2011）。不同产权性质的创新机制与激励机制存在明显的差异。与民营企业相比，国资委对国企高管的考核并不局限于企业绩效水平，还包括诸如社会责任履行情况等。同时在国有企业中，高管的努力程度与企业绩效水平间的相关性较低，更加注重团队贡献以及相对公平性等因素，从而薪酬业绩敏感性较低（陈冬华等，2005；辛清泉等，2009）。这意味着，一方面在国有企业中高管的努力和贡献会直接与薪酬水平相挂钩，而与努力所产生的业绩水平之间的弹性会较弱。因此，在国有企业中，发生基于并购的开放式创新时，高管所付出的努力与增量贡献会直接反映到对高管薪酬水平提升上，而民营企业会更重视高管努力与绩效的关系，从而基于并购的开放式创新对薪酬契约的作用更体现在对薪酬业绩敏感性的提升上。所以，预期基于并购的开放式创新对高管薪酬水平的提升作用在国有企业中更明显，而对高管薪酬业绩敏感性的提升作用在民营企业中更为明显。

表 4 – 15 报告了以产权性质为分组变量的检验结果。列（1）与列（2）为基于并购的开放式创新影响高管薪酬水平的分组检验结果，$Innov\_Merge$ 的系数仅在国有企业组显著为正，表明基于并购的开放式创新对高管薪酬水平的提升作用在国有企业中更明显；表 4 – 15 的列（3）与列（4）报告了对基于并购的开放式创新影响高管薪酬业绩敏感性的分组检验结果，$Innov\_Merge \times Roa$ 的系数仅在非国有企业组显著为正，表明基于并购的开放式创新对高管薪酬业绩敏感性的提升作用在民营企业中更为明显。由此，上述关于产权性质进一步影响作用的理论预期得到验证。

表 4 – 15　　　　　　　　产权性质进一步影响的检验结果

项目	（1）	（2）	（3）	（4）
	Lnpay	Lnpay	Lnpay	Lnpay
	非国有	国有	非国有	国有
Innov_Merge	0.0334 (1.33)	0.0841 ** (2.05)	– 0.0416 （– 1.04）	0.0339 (0.68)
Roa			1.2147 *** (3.85)	1.8159 *** (2.96)

续表

项目	（1）	（2）	（3）	（4）
	Lnpay	Lnpay	Lnpay	Lnpay
	非国有	国有	非国有	国有
Innov_Merge × Roa			1. 3804 **	0. 9383
			（2. 29）	（0. 91）
Size	0. 3405 ***	0. 2801 ***	0. 3214 ***	0. 2588 ***
	（24. 61）	（20. 09）	（23. 01）	（17. 49）
Lev	− 0. 4032 ***	− 0. 6597 ***	− 0. 2366 ***	− 0. 4038 ***
	（− 6. 08）	（− 8. 31）	（− 3. 20）	（− 3. 76）
Age	0. 0407	0. 1686 ***	0. 0443	0. 1534 ***
	（0. 93）	（2. 87）	（1. 03）	（2. 67）
Growth	− 0. 0428 ***	0. 0262 *	− 0. 0682 ***	− 0. 0127
	（− 3. 13）	（1. 83）	（− 4. 72）	（− 0. 73）
Top1	0. 0213	− 0. 3261 ***	− 0. 0462	− 0. 3582 ***
	（0. 25）	（− 3. 19）	（− 0. 53）	（− 3. 57）
Boardsize	0. 0368 ***	0. 0125	0. 0348 ***	0. 0125
	（3. 91）	（1. 57）	（3. 72）	（1. 58）
Indepent	0. 3743	− 0. 4093 *	0. 3549	− 0. 3153
	（1. 55）	（− 1. 65）	（1. 49）	（− 1. 30）
行业	控制	控制	控制	控制
年度	控制	控制	控制	控制
Constant	6. 0497 ***	7. 3816 ***	6. 3795 ***	7. 7230 ***
	（18. 19）	（21. 54）	（19. 17）	（22. 55）
R^2_adj	0. 3308	0. 3880	0. 3444	0. 4096
N	11457	8005	11457	8005

注：括号内为 t 值，* 表示 $p < 0.1$，** 表示 $p < 0.05$，*** 表示 $p < 0.01$。

4.6.4　市场化进程的进一步影响检验

已有研究发现，区域市场化进程会影响高管薪酬的制定，高程度的市场化更能够促进高管薪酬契约的激励作用（辛清泉、谭伟强，2009；谢获宝等，2017）。所以，考虑市场化进程的进一步影响，预期在市场化进程较快的区域，基于并购的开放式创新对薪酬水平的影响以及对薪酬业绩敏感性的影响将更为显著。本部分采用上市公司年度市场化的中位数作为基准，将样本总体分为市场化程度高与程度低两个组，对基于并购的开放式创新对高管薪酬水平与薪酬业绩敏感性的影响，进行分组检验。市场化水平采用王小鲁等发布的《中国分省份市场化指数报告（2018 年）》中的上市公司所在省份的市场化指数进行度量。该报告披露的市场化指数截至 2016 年，考虑区域市场化程度在短期不会发生较大的变化，2017 年变量数据由 2016 年相应区域市场化指数补充。

表 4 - 16 报告了相关检验结果，在列（1）与列（2）中，市场化程度高的组中 *Innov_Merge* 的系数显著为正，而在市场化程度低的组中自变量系数并不具有统计上的显著性，表明企业处于市场化进程高的区域，基于并购的开放式创新提升高管薪酬水平的作用更为明显；在表 4 - 16 列（3）与列（4）中，市场进程高的组中 *Innov_Merge × Roa* 的系数显著为正，而在市场化程度低的组中交乘项系数并不具有统计上的显著性，表明企业处于市场化进程高的区域，基于并购的开放式创新提升高管薪酬业绩敏感性的作用更为明显。

表 4 -16   市场化进程的进一步影响检验结果

项目	（1）*Lnpay* 程度高	（2）*Lnpay* 程度低	（3）*Lnpay* 程度高	（4）*Lnpay* 程度低
Innov_Merge	0.0443 * （1.77）	0.0204 （0.53）	− 0.0353 （− 0.87）	− 0.0162 （− 0.36）
Roa			1.1290 *** （3.53）	2.2546 *** （9.07）
Innov_Merge × Roa			1.4325 ** （2.37）	0.5526 （0.70）

续表

项目	（1）	（2）	（3）	（4）
	Lnpay	Lnpay	Lnpay	Lnpay
	程度高	程度低	程度高	程度低
Size	0.2868 ***	0.3053 ***	0.2713 ***	0.2763 ***
	(22.58)	(20.76)	(21.25)	(19.24)
Lev	−0.3660 ***	−0.5049 ***	−0.2037 ***	−0.2116 ***
	(−5.33)	(−6.85)	(−2.65)	(−2.76)
Age	0.1263 ***	0.0809	0.1226 ***	0.0757
	(2.93)	(1.60)	(2.89)	(1.53)
Growth	0.0145	−0.0386 ***	−0.0123	−0.0796 ***
	(0.98)	(−2.82)	(−0.79)	(−5.64)
Top1	−0.2589 ***	−0.2011 **	−0.2949 ***	−0.2890 ***
	(−2.97)	(−2.13)	(−3.42)	(−3.13)
Boardsize	0.0223 ***	0.0206 **	0.0224 ***	0.0186 **
	(2.77)	(2.37)	(2.80)	(2.20)
Indepent	−0.0112	−0.2747	−0.0115	−0.1399
	(−0.05)	(−1.12)	(−0.05)	(−0.59)
state	−0.0437	−0.1490 ***	−0.0362	−0.1316 ***
	(−1.35)	(−4.66)	(−1.13)	(−4.24)
行业	控制	控制	控制	控制
年度	控制	控制	控制	控制
Constant	7.3540 ***	7.1554 ***	7.9051 ***	7.9495 ***
	(23.47)	(20.60)	(24.17)	(22.35)
R^2_adj	0.3314	0.3499	0.3454	0.3771
N	11062	8400	11062	8400

注：括号内为t值，* 表示 p<0.1，** 表示 p<0.05，*** 表示 p<0.01。

4.6.5　基于并购的开放式创新与企业研发投入

开放式创新与自建式创新是两种不同的创新投资模式，采取基于并购的开放式创新对企业自建式创新投入可能存在两种影响机制。一是企业通过基于并购的开放式创新获得创新资源后，会进一步增加创新投入来整合提升所获得的创新资源，这意味着开放式创新投资会对企业研发投资产生引致效应，即开放式创新投资能够促进自建式创新投入。二是基于并购的开放式创新获取了较为成熟的技术或创新资源后，企业自建式创新的需求将降低，从而研发投入强度也将下降。为检验基于并购的开放式创新对研发投入的影响，在本章以研发投入强度的水平值（RD_r = 研发投入/营业收入）与研发投入强度的一阶差分（DRD_r）分别作为因变量，以上市公司是否采取了基于并购的开放式创新模式的滞后项（$Innov\_Merge_{t-1}$）为自变量进行回归检验。

检验结果如表4 – 17 所示。结果显示，自变量的系数显著为正，表明基于并购的开放式创新显著促进了企业研发投入强度，基于并购的开放式创新虽然是一种区别于自建式创新的模式，但其也存在着对自建式创新投资的带动效应。

表4 – 17　　　　　基于并购的开放式创新与研发投入检验结果

项目	(1)	(2)
	RD_r	DRD_r
$Innov\_Merge_{t-1}$	0.0234 *** (3.48)	0.0117 *** (2.78)
$Size$	− 0.0052 *** (− 2.65)	0.0013 ** (2.10)
Lev	− 0.0738 *** (− 5.64)	− 0.0104 ** (− 2.47)
Age	− 0.0248 *** (− 2.81)	− 0.0051 ** (− 2.27)
$Growth$	− 0.0088 *** (− 3.30)	− 0.0282 *** (− 8.38)
$Top1$	− 0.0434 *** (− 2.75)	− 0.0048 (− 1.14)

续表

项目	(1)	(2)
	RD_r	*DRD_r*
Boardsize	0.0007	0.0001
	(0.55)	(0.14)
Indepent	0.0509	-0.0214*
	(1.40)	(-1.87)
State	0.0024	-0.0007
	(0.50)	(-0.63)
行业	控制	控制
年度	控制	控制
Constant	0.2142***	0.0162
	(4.76)	(1.13)
R^2_adj	0.2180	0.0447
N	4808	4021

注：括号内为 t 值，＊表示 p<0.1，＊＊表示 p<0.05，＊＊＊表示 p<0.01。本检验样本量减少的原因是由于 2018 年之前利润表中并不强制要求列报研发支出，因此国泰安数据库研发支出存在大量的数据缺失，其他探讨研发投入的研究也同样存在此问题。

4.6.6　薪酬委员会的进一步影响检验

董事会薪酬委员会能够对上市公司高管薪酬契约产生影响，有效的薪酬委员会能够提升薪酬契约的有效性（江伟等，2013）。所以，在基于并购的开放式创新模式下，薪酬委员会对薪酬决策参与预期能够提升基于并购的开放式创新与薪酬契约之间的联系，使薪酬水平与薪酬业绩敏感性能够明显提升。为检验薪酬委员会的进一步影响，根据当期是否召开过薪酬委员会会议设置分组变量，对主要回归模型进行分组回归。具体做法是从国泰安（CSMAR）提取上市公司董事会薪酬委员会各年度召开会议次数设置变量 *Ncompcom*，根据 *Ncompcom* 是否大于 0 判断当前薪酬委员会是否召开。检验结果如表 4-18 所示，在 *Ncompcom* >0 组中，即薪酬委员会通过召开会议方式发生作用的样本中，自变量 *Innov_Merge* 的系数显著为正，而在 *Ncompcom* = 0 组中自变量系数并不具有统计上的显著性；在 *Ncompcom* > 0 组中，*Innov_Merge* × *Roa* 的系数显著为正，而在 *Ncompcom* = 0 组中交乘项系数并不具有统计上的显著性。上述结果支持了关于薪酬委员会进一步影响的理论观点。

表 4 – 18　　　　　　　　薪酬委员会进一步影响的检验结果

项目	（1）	（2）	（3）	（4）
	Ncompcom > 0	*Ncompcom* = 0	*Ncompcom* > 0	*Ncompcom* = 0
Innov_Merge	0. 0662 ** (2. 17)	0. 0199 (0. 66)	– 0. 0795 * (– 1. 73)	0. 0046 (0. 11)
Roa			1. 2485 *** (2. 65)	1. 6968 *** (4. 88)
Innov_Merge × *Roa*			2. 9863 *** (4. 12)	0. 0718 (0. 13)
Size	0. 2936 *** (20. 49)	0. 3041 *** (24. 95)	0. 2763 *** (18. 70)	0. 2818 *** (23. 26)
Lev	– 0. 5154 *** (– 6. 92)	– 0. 4497 *** (– 7. 27)	– 0. 3234 *** (– 3. 60)	– 0. 2310 *** (– 3. 20)
Age	0. 2173 *** (4. 46)	0. 0708 * (1. 65)	0. 2107 *** (4. 38)	0. 0685 (1. 63)
Growth	– 0. 0107 (– 0. 67)	– 0. 0129 (– 0. 96)	– 0. 0405 ** (– 2. 32)	– 0. 0459 *** (– 3. 16)
*Top*1	– 0. 1593 (– 1. 62)	– 0. 2030 ** (– 2. 54)	– 0. 1977 ** (– 2. 03)	– 0. 2691 *** (– 3. 38)
Boardsize	0. 0289 *** (3. 09)	0. 0127 * (1. 74)	0. 0285 *** (3. 05)	0. 0122 * (1. 71)
Indepent	0. 0767 (0. 31)	– 0. 3914 * (– 1. 90)	0. 0934 (0. 39)	– 0. 3367 * (– 1. 67)
state	– 0. 0935 *** (– 2. 66)	– 0. 1293 *** (– 4. 79)	– 0. 0821 ** (– 2. 36)	– 0. 1177 *** (– 4. 41)

续表

项目	（1）	（2）	（3）	（4）
	Ncompcom > 0	*Ncompcom = 0*	*Ncompcom > 0*	*Ncompcom = 0*
行业	控制	控制	控制	控制
年度	控制	控制	控制	控制
Constant	6.9334 *** （19.15）	7.1915 *** （25.12）	7.5015 *** （19.58）	7.9966 *** （26.79）
R^2_adj	0.3313	0.3290	0.3484	0.3494
N	7509	11953	7509	11953

注：括号内为 t 值，* 表示 p < 0.1，** 表示 p < 0.05，*** 表示 p < 0.01。

4.7　本章小结

本章在基于并购的开放式创新投资与自建式创新投资模式下，高管薪酬契约有效性决定机制差异的基础上，采用沪深 2009～2017 年 A 股上市公司的数据，检验了基于并购的开放式创新对上市公司高管薪酬水平以及薪酬业绩敏感性的影响。研究发现：（1）上市公司采用基于并购的开放式创新会显著影响高管薪酬契约的制定，采取基于并购的开放式创新的公司，高管薪酬水平与薪酬业绩敏感性会更高；（2）采用基于并购的开放式创新能够显著降低公司的创新风险、提升创新产出，创新风险的降低与创新产出的提升在基于并购的开放式创新对高管薪酬水平与薪酬业绩敏感性的影响中起中介作用；（3）基于并购的开放式创新影响高管薪酬契约的效应会受到企业产权性质的影响，基于并购的开放式创新提升高管薪酬水平的效应在国有企业中更明显，而提升薪酬业绩敏感性的效应在民营企业中更明显；（4）当上市公司处于市场化水平高的区域时，采用基于并购的开放式创新对高管薪酬水平与薪酬业绩敏感性的影响更显著。

本章研究结论的实践启示意义在于：

第一，本章明确了基于并购的开放式创新与自建式创新投资对激励契约制定与激励效果影响之间的差异，为上市公司根据创新方式的差别制定差异化的激励机制提供了依据。一方面，上市公司在建立创新激励机制时，应基于企业创新投资模式特征制定差异化的高管薪酬契约。在基于并购的开放式创新模式下应考虑创新绩效形成周期及创新风险与自建式创新投资之间的差异，通过提升薪酬与业绩之间的敏感性激励高管努力提升开放式创新绩效。避免将自建式创新投资模式所采取的低业绩薪酬的激励机制，应用于基于并购的开放式创新的创新风险与创新成果的形成周期中，从而降低薪酬契约的激励效果。另一方面，上市公司制定创新激励机制应考虑创新成果产出与高管及员工努力之间的关系，根据努力的依赖方确定激励措施的倾斜方向，提升激励的公平性与激励效果。

第二，本章所揭示的基于并购的开放式创新投资效应的形成逻辑，以及基于并购的开放式创新背景下的高管激励机制的理论机理，为完善公司考核评价体系以及创新管理机制提供了依据。自建式创新与基于并购的开放式创新在创新成果产出、创新主体、创新绩效形成机制等方面存在差异。在建立考核机制时，应进行差异化设计。对自建式创新投资的考核应侧重于长期创新绩效，对开放式创新投资绩效的考核应注重对并购决策效率以及并购整合后短期创新产出的考核；并且高管对基于并购的开放式创新投资的贡献要高于对自建式创新投资的贡献，所以应强化对基于并购的开放式创新投资绩效的考核权重。

第 5 章

基于并购的开放式创新对高管－
员工垂直薪酬差距影响的研究

5.1 引　　言

　　除第 4 章讨论的高管薪酬水平与薪酬业绩敏感性外，高管与员工之间的垂直薪酬差距也是货币化薪酬契约的重要内容。创新活动不仅取决于研发人员、工程技术人员和管理人员，基层员工的专有性人力资本投入同样不可忽视，创新成果实际上是全员参与投入的结果（刘芳、王浩，2011）。高管和员工都是企业价值的创造者，在创新中承担了不同的责任。为了提升企业创新效率，需要建立适当的激励机制来鼓励高管与员工共同参与创新活动（Gupta et al.，2007）。高管与员工间的薪酬差距设计是企业激励的关键决策，不仅能影响创新企业对员工的激励质量（Cowherd and Levine，1992），还通过影响员工对知识的利用而影响企业创新精神（Yanadori and Cui，2013）。因而，有效的创新激励机制应能根据高管与员工在创新活动中的分层性角色与贡献，制定具有差异化的薪酬契约，形成合理的薪酬差距水平。

现有研究基于锦标赛理论与公平理论的视角，关注了以高管与员工间薪酬差距为特征的薪酬契约与企业创新之间的关系（孔东民，2017；杨婵等，2017）。根据锦标赛理论，更高阶的高水平薪酬能够激发底层员工的创新精神；根据公平理论，过大的薪酬差距会增加底层员工不公平感知程度，进而会降低员工合作创新意愿与努力程度。在现有关于创新与薪酬差距之间关系的研究尚未形成统一的结论，如孔东民（2017）的研究结果支持锦标赛理论，即薪酬差距对创新产出存在正向影响。杨婵等（2017）认为垂直薪酬差距与新创企业的创新精神之间呈显著的倒U形关系，即企业的创新精神随着垂直薪酬差距的扩大呈现先上升后下降的趋势。

根据前面的理论分析，在基于技术并购的开放创新模式下，企业的创新活动决策主体以及创新活动的执行主体与基于研发投资的自建式创新存在明显的不同，基于并购的开放式创新的创新贡献主体会在职位体系中上移，创新绩效更依赖于公司高管并购决策的合理性以及并购整合的执行情况，即对基于并购的开放式创新活动的激励应更倾向于公司高管，而直接创新投资所产生的创新绩效则主要来源于研发部门的员工与管理者的努力。

根据本书的分析，企业创新与高管－员工薪酬差距之间不确定关系的存在，可能是由于已有研究尚未区分自建式创新与基于并购的开放式创新之间的差异，如果考虑这种差异将可能形成一种统一的解释。也有研究指出，现有关于创新与薪酬差距关系的研究主要是基于薪酬差距对低薪酬获得者的立场进行的分析（牛建波等，2019），尚无法解释在基于并购的开放式创新方式下，创新绩效来源的变化以及激励主体变化将如何影响上市公司高管薪酬契约的制定，并将如何影响高管与员工薪酬差距。同时，薪酬是一种显性激励方式，其与权力配置、晋升预期等隐性激励共同形成了完整的激励框架，本书也将以权力配置为视角，探讨在基于并购的开放式创新模式下，激励主体特征的改变将如何影响显性与隐性激励的优化配置问题。

根据上述问题，本章采用2009～2017年A股沪深上市公司的数据，检验基于并购的开放式创新对企业内部高管－员工垂直薪酬差距的影响。研究发现，采取了基于并购的开放式创新的企业，高管与员工间的薪酬差距更大；在总经理不兼任董事长、股权分散程度较高的分权式权力配置模式下，采取基于并购的开放式创新对高管与员工之间薪酬差距的影响越明显。这表明，在基于并购的开放式创新模式下，企业高管是被强化激励的主要对象，且权力配置向高管倾斜等隐性激励对高管薪酬的显性激励具有一定的替代性。进一步研究发现，在民营企业中，基于并购的开放式创新对企业内部薪酬差距的影响更为明显。考虑内生性问题后，本章结果仍然比较稳健。

本章研究的主要贡献在于以下三个方面：第一，已有研究主要探讨了薪酬差距对基于研发投资的自建式创新的激励效应。本章通过考察另外一种重要的创新方式——基于并购的开放式创新投资的特征及其对薪酬差距的影响，基于高管作为创新贡献核心主体的视角，揭示了企业创新与薪酬差距的关系机制，弥补了已有从薪酬差距对低薪酬获得者的立场进行分析所存在的局限性，丰富了创新激励机制下的高管薪酬契约决定机理的研究。第二，本章基于高管起决定性作用的特殊性创新背景，揭示了以薪酬为主的显性激励与高管权力获得为主的隐性激励之间替代效应的决定机制，扩展了创新激励机制的研究。第三，本章研究对于优化企业高管与员工的薪酬契约，以及提升开放式创新投资效率具有一定的实践启示意义。

5.2 理论分析与研究假设

5.2.1 基于并购的开放式创新对高管－员工垂直薪酬差距的影响

企业的高管与员工都是企业价值的创造者，在企业创新中承担不同的责任。不同层次主体对创新的贡献一方面取决于高管或员工的努力程度，另一方面也决定于其所承担的职责。持续的创新能力不仅来源于高管人员和普通员工，更包括作为企业竞争优势重要载体的核心员工。核心员工是掌握企业所具有的营销方面、技术研发方面、生产管理方面以及财务管理方面等核心能力的员工（王小琴、卿向阳，2007；陈效东，2017）。企业不同层次员工与创新之间的关系反映了研发投资模式下的企业创新与员工职能之间的关系。并购决策是企业高管的重要职责，高管动机与能力会对并购绩效产生重要影响（肖明、李海涛，2017；Bodolica and Spraggon，2009），高管经历与特征也会直接影响并购效果（周中胜等，2020；曾宪聚等，2020；蔡庆丰等，2019；El-Khatib et al.，2015）。在基于并购的开放式创新模式下，创新贡献主体将在职位体系中上移，表现为创新活动的决策与执行主体将主要集中于公司高管层面，而普通员工对并购绩效的影响则相对较小。所以，与自建式创新模式相比，在基于并购的开放式创新模式下，企业的创新活动包含了更多来自公司高管的努力。

公平理论认为个体所期望的回报与其贡献对等，并通过与其他参照比较来评价公平性（Adams，1965）。个体通过调整其对投入或产出的感知、改变其实际投入或实际收益等方式来缓解由不公平引致的紧张感（Cowherd and Levine，1992）。因而，根据公平理论，付出努力与所获的薪酬水平成正比，才能提升高管的公平感知并产生激励效应。因此，当企业进行基于并购的开放式创新活动时，上市公司的高管薪酬水平会更高，并且与普通员工之间的相对薪酬差距也会更大。所以，为保障高管的公平感知，在薪酬企业的制定中需要相对扩大高管与员工间的薪酬差距。基于并购的开放式创新不仅仅是一种创新活动，而且也是并购活动，已有研究发现，薪酬公平性对高管心理感知的影响将直接作用与高管的工作积极性，不公平的薪酬激励会使高管选择高溢价项目进行激励补偿的次优决策（潘爱玲等，2021），这也进一步表明基于公平理论角度，提升高管－员工垂直薪酬差距的重要意义。

另外，锦标赛理论认为，组织内部不同层级之间的薪酬差距是公司对在某一层级竞赛中胜出并晋升至更高层级者给予的额外奖励，胜出者晋升后获得的额外奖励越高，越能使员工在高额薪酬下付出更多努力，从而全体员工的工作积极性提高（Lazear and Rosen，1981）。如果薪酬差距过小，底层员工依赖高管的努力仍然能够获得相对较高的薪酬水平，较低的薪酬差距会降低员工的努力程度，从而在底层员工层面则可能出现不劳而获的"搭便车"现象。

根据上述分析，不同于自建式创新模式，在基于并购的开放式创新中，企业高管是更为核心的创新执行主体以及创新效率决定主体。所以，预期在采用基于并购的开放式创新的企业中，高管与员工之间的垂直薪酬差距水平会更大。基于上述分析，提出以下假设：

H5 - 1：在采用基于并购的开放式创新的企业中，高管与员工之间的薪酬差距水平会更大。

5.2.2　权力配置模式的进一步影响

上述论证思路认为公司的高管是进行并购活动的主要决策者与执行者，因此，为激励高管在技术并购中付出更多努力而给予高管更高的薪酬水平，拉大与底层员工之间的薪酬差距。根据该分析思路，高管在并购决策与执行中的作用进一步取决于高管的实际权力。如果高管具有与通过并购方式获取创新资源相当的权力时，高管能够对基于并购等形式的创新投资产生更大程度的决定性作用。所以，为了提升高管在基于并购的开放式创新中的贡献，会相应给予更大程度的激励。当高管对并购的影响力越大，则应给予的激励程度越高，薪酬差距会越大。所以，预期高管权力越大，采用基于并购的开放式创新模式对高管 - 员工垂直薪酬差距的影响越大。

但是，也有研究发现，管理权力的非正式激励方式所产生的激励效应能够对薪酬契约产生影响（Van Essen et al.，2015）。如果并购中高管拥有更大的管理权力（如 CEO 是提名委员会成员、拥有更高的股权、或者董事会有更多的执行董事等情形），那么他们得到的奖金和其他报酬就会更低（Bugeja et al.，2012）。授予更多权力是一种不同于给予更多薪酬的"隐性"激励，这种隐性激励将主要通过权力配置的方式产生以下两种影响。第一，隐性激励的替代效应。赋予高管更高的权力程度是对高管的一种"隐性"激励。隐性激励与薪酬之间具有一定的替代效应。例如在"注重社会公平"的原则下，国有企业高管为了获得晋升机会，可能迎合"限薪令"缩小薪酬差距的政治目标，以树立企业和高管的公众形象，因此高管的晋升与薪酬之间存在替代关系（步丹璐等，2017）。高管权力的获得也具有类似的效应，当高管获得更为集中的权力时，其个人在组织中的权力需求被更大程度地满足，也将提升其放弃更高薪酬的意愿，即高管的公平感知会被隐性权力所满足。第二，避免过度激励。高管激励存在显著的边际递减效应，即高管激励最初可能主要表现为激励效应，而随着激励成本的不断投入可能会导致过度激励，并降低激励效果，甚至出现壕沟效应或隧道效应（左晶晶、唐跃军，2011）。同时，基于公平理论，过度激励会产生超出高管预期获得水平，而员工层面更容易产生不公平感知，整体激励效果将会下降。为防止隐性激励与显性激励叠加产生过度激励的问题，公司会考虑两种激励的权衡，当高管因获得较为集中的权力而获得较高程度的隐性激励时，高管薪酬水平的提升程度将降低，与员工之间的薪酬差距也将会缩小。

综上所述，一方面，高管权力越高其在基于并购的开放式创新中的决定性作用也越大，所以预期分权式权力配置模式下高管与员工之间的薪酬差距将更低；另一方面，高管权力配置所产生的隐性激励与高管薪酬的显性激励之间存在一定的替代效应。在基于并购的开放式创新模式下，如果权力向高管的配置较为集中时，显性薪酬的提升程度就会降低。因此，相比于对高管的集权配置，在分权式权力配置模式下，采取基于并购的开放式创新对高管与员工间薪酬差距的影响越明显。

基于上述分析，提出以下竞争性假设：

H5 - 2a： 在分权式权力配置模式下，采取基于并购的开放式创新对高管与员工之间薪酬差距的影响会减弱。

H5 - 2b： 在分权式权力配置模式下，采取基于并购的开放式创新对高管与员工之间薪酬差距的影响会增强。

5.3 实证研究设计

5.3.1 关键变量定义

Fpg 表示高管与员工间的薪酬差距，α_1 表示基于并购的开放式创新对薪酬差距的影响，当 α_1 显著大于零时，表示基于并购的开放式创新能够提升薪酬差距水平。Fpg 为薪酬差距，参照法莱伊等（Faleye et al.，2013）与班克等（Banker et al.，2016）的研究，本章采用两种方式度量高管与员工间的薪酬差距。一是采用高管与员工平均薪酬比度量（$Fpg1$），二是采用高管与员工平均薪酬差额度量（$Fpg2$）。高管平均薪酬等于"董事、监事及高管年薪总额"除以高管规模，其中高管规模是"董事人数""高管人数""监事人数"总和减去"独立董事人数"以及"未领取薪酬的董事、监事或高管人数"。员工平均薪酬等于"应付职工薪酬总额"变化值加上"支付给职工以及为职工支付的现金"减去"董事、监事及高管年薪总额"再除以员工人数。在计算高管与员工平均薪酬差额时平均值取自然对数计算。

$Innov\_Merge$ 为是否采用基于并购的开放式创新的度量变量。当上市公司当期发生基于并购的开放式创新时，该变量赋值为1，否则为0。对于是否发生基于并购的开放式创新的判断包括以下两个方面。一方面，上市公司的并购行为是否以获得创新资源或提升创新能力为目的，具体要求满足以下条件之一：一是在并购公告或问询函中所阐述的并购目标明确表达了获得技术、专业技术人才等意图，或明确表达了提升企业创新能力、开发新技术、发展创新产品等并购意图；二是并购的对象是研发平台或者技术研发类的科技企业。另一方面，所涉及的并购事件必须是发生控制权转移的并购事件。

参考柳光强与孔高文（2018）等关于薪酬差距决定因素的相关研究，模型所选取的控制变量主要包括：公司规模（Size），采用公司当年年末总资产的自然对数来衡量；资产负债率（Lev），采用公司当年年末总负债/当年年末总资产来衡量；公司成长性（Growth），采用公司当年主营业务收入的增长率来衡量；第一大股东持股比例（Top1）；董事会的董事人数（Boardsize）；独立董事人数占总董事人数的比例（Indepent）；上市公司的产权性质（State）。另外，还在模型中控制了年度差异和行业差异，引入年度虚拟变量（Year）和行业虚拟变量（Ind）。在本章稳健性检验中还进行了增加控制变量的处理。

本章所用主要变量及定义如表 5 - 1 所示。

表 5 - 1　　　　　　　　　　　　变量定义

变量名称	符号	变量定义
高管薪酬水平	Lnpay	以上市公司前三位高管薪酬总和的对数
高管 - 员工垂直薪酬差距	Fpg1	高管平均薪酬与员工平均薪酬的比值
	Fpg2	高管平均薪酬与员工平均薪酬的差额
基于并购的开放式创新	Innov_Merge	是否发生基于并购的开放式创新的虚拟变量，发生为 1，未发生为 0
公司规模	Size	公司总资产的自然对数
资产负债率	Lev	总负债除以总资产
成长性	Growth	营业收入增长率
年龄	Age	公司年龄的自然对数
股权结构	Top1	第一大股东的持股比例
董事会规模	Boardsize	董事会的董事人数
独立董事比例	Indepent	独立董事人数占总董事人数的比例
产权性质	State	国有企业为 1，非国有企业为 0
行业	Ind	根据上市公司的行业代码设定虚拟变量
年度	Year	根据样本年度设置虚拟变量

5.3.2 回归模型设计

为检验基于并购的开放式创新对高管－员工垂直薪酬差距之间的影响，设计回归模型（5－1）：

$$Fpg = \alpha_0 + \alpha_1 Innov\_Merge + \sum Control + \sum Year + \sum Ind + \sigma$$

$$(5-1)$$

Fpg 表示高管与员工间的薪酬差距，α_1 表示基于并购的开放式创新对薪酬差距的影响，当 α_1 显著大于零时，表示基于并购的开放式创新能够提升薪酬差距水平。在对假设 H5－2a 和 H5－2b 的检验中，将在该模型的基础上，以 CEO 与董事长是否两职合一为高管集中权力配置的代理变量对样本总体进行分组检验。

5.3.3 样本选择与数据来源

本章研究样本为我国沪深两市 A 股主板上市企业，样本期间为 2009～2017 年。本章所用数据主要来自国泰安（CSMAR）数据库。其中基于并购的开放式创新的度量变量为手工收集整理。在剔除金融类的上市公司、被 ST、PT 标记的上市公司样本，以及公司财务数据与高管薪酬等关键信息缺失的样本后，最终得到个有效观测值 19695 个。为排除异常值影响，本章在上下 1% 分位数上对主要连续变量进行 winsorize 处理。

5.4 实证检验结果

5.4.1 描述性统计结果

表 5－2 报告了除行业和年度虚拟变量以外关键变量的描述性统计

表 5 - 2

描述性统计结果

变量名	样本量	均值	标准差	最小值	25%分位数	中位数	75%分位数	最大值
$Lnpay$	19695	14.27	0.689	12.61	13.83	14.26	14.69	16.22
$Fng1$	18242	3.671	2.654	1.055	1.985	2.887	4.421	16.45
$Fng2$	18242	1.112	0.588	0.0539	0.685	1.060	1.486	2.800
$Innov\_Merge$	19695	0.043	0.203	0	0	0	0	1
$Size$	19695	22.07	1.267	19.69	21.15	21.90	22.80	25.97
Lev	19695	0.437	0.210	0.0503	0.267	0.434	0.601	0.886
$Growth$	19695	0.203	0.481	-0.561	-0.0203	0.118	0.293	3.196
Age	19695	2.822	0.304	1.946	2.639	2.833	3.045	3.466
$Top1$	19695	0.352	0.151	0.0872	0.232	0.333	0.454	0.750
$Boardsize$	19695	8.739	1.739	5	8	9	9	15
$Indepent$	19695	0.373	0.0530	0.333	0.333	0.333	0.429	0.571
$State$	19695	0.413	0.492	0	0	0	1	1

结果。上市公司高管的薪酬水平 *Lnpay* 的均值为 14.27，最小值为 12.61，最大值为 16.22，标准差为 0.689，表明上市公司间高管薪酬差距较为明显，为本研究探讨薪酬契约决定机制提供了基础。*Fpg*1 的均值为 3.671，表明上市公高管的平均薪酬为员工的 3.671 倍。*Innov_Merge* 的均值为 0.043，表明上市公司发生过基于并购的开放式创新的样本占总样本的 4.3%，虽然不是一种普遍采用的创新模式，但是也形成了一定的规模。

表 5 – 3 为主要变量按 *Innov_Merge* 进行分组 t 检验的结果，*Lnpay* 两个变量在两组间的差异在 1% 的水平上显著为负，表示采用了基于并购的开放式创新模式的公司具有更高的高管薪酬水平，表明采取了基于并购的开放式创新会提升高管薪酬水平；*Fpg*1、*Fpg*2 变量在两组间的差异在 1% 的水平上显著为负，表示采取了基于并购的开放式创新会显著提升高管与员工之间的薪酬差距。

表 5 – 3　　　　　　　　　　　主要变量分组均值 t 检验

变量名	*Innov_Merge* = 0	Mean1	*Innov_Merge* = 1	Mean2	Meandiff
Lnpay	18848	14. 2697	847	14. 3893	– 0. 1196 ***
*Fpg*1	17432	3. 6564	810	3. 9758	– 0. 3194 ***
*Fpg*2	17432	1. 1080	810	1. 1899	– 0. 089 ***

注：*** 表示 $p < 0.01$。

5.4.2　相关性分析

表 5 – 4 列示了采用 Pearson 检验进行主要变量的相关性分析的结果。从结果上可以得到如下结论：

第一，自变量（*Innov_Merge*）与高管 – 员工垂直薪酬差距的两个度量变量（*Fpg*1、*Fpg*2）之间在 1% 的水平上显著正相关，表明基于并购的开放式创新显著提升了高管 – 员工垂直薪酬差距，与理论预期相符，为基于并购的开放式创新与薪酬差距假设的成立提供了初步证据。第

表 5 - 4

相关性检验结果

变量	Fpg1	Fpg2	Lnpay	Innov_Merge	Size	Lev	Growth	Age	Top1	Boardsize	Indepent
Fpg1	1										
Fpg2	0.922***	1									
Lnpay	0.617***	0.625***	1								
Innov_Merge	0.025***	0.029***	0.035***	1							
Size	0.273***	0.239***	0.448***	-0.025***	1						
Lev	0.099***	0.075***	0.082***	-0.062***	0.501***	1					
Growth	0.054***	0.055***	0.045***	0.062***	0.052***	0.038***	1				
Age	0.060***	0.039***	0.167***	-0.019***	0.141***	0.170***	0.00100	1			
Top1	-0.057***	-0.068***	0.012*	-0.048***	0.232***	0.079***	0	-0.157***	1		
Boardsize	0.028***	-0.00200	0.109***	-0.048***	0.284***	0.175***	-0.028***	0	0.033***	1	
Indepent	0.048***	0.060***	-0.00300	0.026***	0.018**	-0.016**	0.0110	-0.024***	0.048***	-0.446***	1
State	-0.094***	-0.134***	0.00300	-0.091***	0.342***	0.314***	-0.081***	0.094***	0.222***	0.278***	-0.064***

注：* 表示 $p<0.1$，** 表示 $p<0.05$，*** 表示 $p<0.01$。

二，高管薪酬水平（*Lnpay*）与薪酬差距（*Fpg*1、*Fpg*2）之间在 1% 的水平上显著为正，这可能表明高管薪酬水平与高管 - 员工垂直薪酬差距之间的决定机制可能会存在一定的相同之处。

5.4.3 回归检验结果

1. 基于并购的开放式创新对薪酬差距的影响进行回归检验

表 5 - 5 是基于并购的开放式创新对高管 - 员工垂直薪酬差距的影响进行回归检验的结果。列（1）与列（2）是以高管与员工薪酬差距为因变量，以上市公司是否采取了基于并购的开放式创新为自变量的检验结果，自变量 *Innov_Merge* 的回归系数分别为 0.2154 与 0.0452，且均在 5% 的水平上显著大于 0。这意味着，在其他因素不变的情况下，基于并购的开放式创新会提升高管与员工之间的薪酬差距。由此，本章的核心理论假设得到支持。

表 5 - 5　基于并购的开放式创新对薪酬差距影响的回归检验结果

项目	（1）	（2）
	*Fpg*1	*Fpg*2
Innov_Merge	0.2154 ** （2.02）	0.0452 ** （2.14）
Size	0.9595 *** （16.32）	0.2056 *** （19.91）
Lev	- 0.6562 *** （- 3.24）	- 0.1277 *** （- 2.76）
Age	0.5083 *** （3.23）	0.0762 ** （2.27）
Growth	0.0981 ** （2.16）	0.0240 ** （2.36）

续表

项目	(1)	(2)
	$Fpg1$	$Fpg2$
$Top1$	-1.5430 *** (-4.99)	-0.3471 *** (-5.44)
$Boardsize$	-0.0139 (-0.48)	-0.0077 (-1.25)
$Indepent$	1.8077 ** (2.40)	0.4392 *** (2.78)
$State$	-1.0438 *** (-9.90)	-0.2520 *** (-11.48)
行业	控制	控制
年度	控制	控制
$Constant$	-16.8272 *** (-12.44)	-3.2177 *** (-13.24)
R^2_A	0.1879	0.1897
N	18242	18242

注：括号内为 t 值，** 表示 p < 0.05，*** 表示 p < 0.01。

2. 高管权力配置模式对基于并购的开放式创新与薪酬差距间关系的影响检验

为进一步检验假设 H5 – 2a 和 H5 – 2b 中关于高管权力配置模式对基于并购的开放式创新与薪酬差距间关系的影响的竞争性假设，在模型（5 – 1）的基础上，以 CEO 与董事长是否两职合一为高管集中权力配置的代理变量对样本总体进行分组检验。这里采用 CEO 与董事长是否两职合一为高管集中权力配置的代理变量的主要原因是，已有研究将其作为高管权力的代理变量（王雄元等，2014；Shin，2013；等等）。如果两职合一（$Duality = 1$）则表明企业对高管的权力配置具有集权式特征。根据前文理论分析，预期在 $Duality = 0$ 组中基于并购的开放式创新对薪酬差距的影响更为显著。

表5－6列示了高管权力配置模式对基于并购的开放式创新与薪酬差距间关系的影响检验结果。结果显示，列（1）与列（3）*Duality* = 0组中，自变量 *Innov_Merge* 的系数在5%的水平上显著为正，而在列（2）与列（4）*Duality* = 1组中，自变量系数并不具有统计上的显著性。上述结果表明，在分权式权力配置模式下，采取基于并购的开放式创新对高管与员工之间薪酬差距的影响越明显。其理论意义在于，如果高管被配置了较高程度的权力，这种隐性激励会产生对拉大薪酬差距显性激励的替代作用。由此，本章节的假设 H5－2a 得到支持。

表5－6　　　　　　　　高管权力配置的进一步影响检验结果

项目	（1） *Fpg*1 *Duality* = 0	（2） *Fpg*1 *Duality* = 1	（3） *Fpg*2 *Duality* = 0	（4） *Fpg*2 *Duality* = 1
Innov_Merge	0. 2944 ** （2. 11）	0. 0473 （0. 33）	0. 0591 ** （2. 17）	0. 0194 （0. 64）
Size	0. 8877 *** （13. 96）	1. 2268 *** （11. 46）	0. 1917 *** （16. 93）	0. 2559 *** （14. 37）
Lev	－ 0. 7731 *** （ － 3. 28）	－ 0. 3358 （ － 1. 12）	－ 0. 1582 *** （ － 2. 97）	－ 0. 0428 （ － 0. 59）
Age	0. 4692 *** （2. 58）	0. 4972 ** （2. 28）	0. 0723 * （1. 87）	0. 0656 （1. 33）
Growth	0. 0851 * （1. 67）	0. 1262 （1. 28）	0. 0193 * （1. 69）	0. 0363 * （1. 68）
*Top*1	－ 1. 4299 *** （ － 3. 99）	－ 1. 4949 *** （ － 3. 23）	－ 0. 3286 *** （ － 4. 47）	－ 0. 2910 *** （ － 2. 96）
Boardsize	－ 0. 0280 （ － 0. 93）	0. 0856 （1. 37）	－ 0. 0121 * （ － 1. 83）	0. 0172 （1. 47）
Indepent	0. 8980 （1. 07）	5. 6027 *** （4. 60）	0. 2720 （1. 51）	1. 2199 *** （4. 77）

续表

项目	(1)	(2)	(3)	(4)
	$Fpg1$	$Fpg1$	$Fpg2$	$Fpg2$
	$Duality = 0$	$Duality = 1$	$Duality = 0$	$Duality = 1$
$State$	− 1. 0481 *** (− 9. 11)	− 1. 0870 *** (− 4. 92)	− 0. 2547 *** (− 10. 69)	− 0. 2596 *** (− 5. 79)
行业	控制	控制	控制	控制
年度	控制	控制	控制	控制
$Constant$	− 14. 9806 *** (− 10. 30)	− 24. 4780 *** (− 9. 75)	− 2. 8509 *** (− 10. 73)	− 4. 7227 *** (− 10. 89)
R^2_adj	0. 1743	0. 2899	0. 1835	0. 2673
N	13724	4518	13724	4518

注：括号内为 t 值，* 表示 p < 0.1，** 表示 p < 0.05，*** 表示 p < 0.01。

5.5 稳健性检验

5.5.1 采用倾向得分匹配法进行稳健性检验

为避免样本选择性偏误问题，采用倾向评分匹配法估计基于并购的开放式创新对高管薪酬契约的处理效应。选择公司规模、资产负债率、公司年龄、第一大股东持股比例以及董事会结构作为匹配变量，进行 1∶3 最近邻匹配。由于与第四章所使用的倾向得分匹配方法及样本相同，所以进行倾向得分匹配的平衡性检验结果与第 4 章相关结果一致，此处不再列示。

在表 5 − 7 的列（1）与列（2）中，自变量 $Innov\_Merge$ 的系数显著为正，表明基于并购的开放式创新提升上市公司高管与员工薪酬差距的结论也仍然成立。

表5－7　　　　　　　　　　　倾向得分匹配后的检验结果

项目	（1）	（2）
	$Fpg1$	$Fpg2$
$Innov\_Merge$	0.2623 **	0.0510 **
	（2.22）	（2.07）
$Size$	1.0763 ***	0.2251 ***
	（12.49）	（15.15）
Lev	－ 0.3981	－ 0.0832
	（－ 1.19）	（－ 1.11）
Age	0.3672 *	0.0204
	（1.73）	（0.45）
$Growth$	0.1766	0.0401
	（1.49）	（1.62）
$Top1$	－ 1.6042 ***	－ 0.3204 ***
	（－ 3.71）	（－ 3.49）
$Boardsize$	0.0039	0.0006
	（0.08）	（0.06）
$Indepent$	1.7814	0.3910
	（1.38）	（1.48）
$State$	－ 1.2095 ***	－ 0.2598 ***
	（－ 7.77）	（－ 8.10）
行业	控制	控制
年度	控制	控制
$Constant$	－ 19.2294 ***	－ 3.5387 ***
	（－ 10.11）	（－ 10.36）
R^2_adj	0.2113	0.2043
N	2999	2999

注：括号内为 t 值，* 表示 p < 0.1，** 表示 p < 0.05，*** 表示 p < 0.01。

5.5.2　基于创新视角的内生性问题的解决

与第 4 章 4.5.2 节分析相同，是否采取基于并购的开放式创新同样可能受到来自薪酬差距的反向影响。本章也同样借助于《关于加快推进重点行业企业兼并重组的指导意见》外生政策事件所形成的准自然实验，以高管 - 员工垂直薪酬差距为因变量，采用双重差分模型进行检验。

检验结果如表 5 - 8 所示，$Post \times Treat$ 交乘项在列（2）中显著为正，一定程度上表明考虑内生性问题后，本章关于基于并购的开放式创新影响高管 - 员工垂直薪酬差距的理论假说依然成立。

表 5 - 8　　　　　　　　　　基于创新视角内生性检验

项目	（1）	（2）
	$Fpg1$	$Fpg2$
$Post$	- 0. 5488 ***	- 0. 1161 ***
	（- 4. 86）	（- 7. 82）
$Treat$	0. 1557	- 0. 0242
	（0. 34）	（- 0. 49）
$Post \times Treat$	0. 0521 *	0. 0188 *
	（1. 53）	（1. 72）
$Size$	1. 1097 ***	0. 2128 ***
	（12. 52）	（19. 31）
Lev	- 0. 7946 ***	- 0. 1360 ***
	（- 3. 36）	（- 2. 89）
$Growth$	0. 0525	0. 0226 **
	（0. 77）	（2. 14）
Age	0. 6990 ***	0. 0847 **
	（3. 66）	（2. 47）
$Top1$	- 1. 9923 ***	- 0. 3630 ***
	（- 4. 81）	（- 5. 51）

续表

项目	(1)	(2)
	*Fpg*1	*Fpg*2
Boardsize	-0.0148 (-0.41)	-0.0078 (-1.24)
Indepent	2.4175*** (2.67)	0.4539*** (2.81)
State	-1.1526*** (-8.53)	-0.2558*** (-11.34)
行业	控制	控制
年度	控制	控制
Constant	-21.1856*** (-9.84)	-3.5124*** (-13.14)
R^2_adj	0.1395	0.1914
N	18037	18037

注：括号内为 t 值，* 表示 $p < 0.1$，** 表示 $p < 0.05$，*** 表示 $p < 0.01$。

5.5.3 并购视角下的内生性问题的解决

高管薪酬契约可能会反向影响上市公司高管的并购动机，并进一步影响上市公司是否采取基于并购的开放式创新模式，因此高管薪酬契约与基于并购的开放式创新之间可能存在内生性问题。为避免内生性问题对检验结果的影响，与第 4 章 4.6.5 节做法相同，本研究仅保留当期发生了控制权转移的并购事件的样本，所有被保留的样本都发生了并购，因此避免了高管薪酬激励契约与是否发生并购之间的反向影响关系。对所保留的样本，进行回归检验。

检验结果如表 5-9 所示。在列（1）与列（2）中，*Innov_Merge* 的系数显著为正，表明基于并购的开放式创新提升上市公司高管与员工薪酬差距的结论也仍然成立。

表 5 - 9　　　　　　　　　　仅保留发生并购样本的检验结果

项目	（1）	（2）
	$Fpg1$	$Fpg2$
$Innov\_Merge$	0. 1278 *	0. 0150 *
	（1. 79）	（1. 92）
$Size$	0. 9910 ***	0. 2036 ***
	（12. 72）	（14. 69）
Lev	- 0. 7294 **	- 0. 1552 **
	（ - 2. 22）	（ - 2. 28）
Age	0. 6996 ***	0. 1155 **
	（3. 05）	（2. 55）
$Growth$	0. 0403	0. 0061
	（0. 51）	（0. 36）
$Top1$	- 1. 3331 ***	- 0. 2820 ***
	（ - 3. 06）	（ - 3. 29）
$Boardsize$	- 0. 0180	- 0. 0048
	（ - 0. 41）	（ - 0. 55）
$Indepent$	1. 0658	0. 2791
	（0. 93）	（1. 22）
$State$	- 1. 1609 ***	- 0. 2585 ***
	（ - 6. 96）	（ - 7. 95）
行业	控制	控制
年度	控制	控制
$Constant$	- 17. 6189 ***	- 3. 2231 ***
	（ - 8. 87）	（ - 9. 17）
R^2_adj	0. 1713	0. 1696
N	4967	4967

注: 括号内为 t 值, ＊表示 p＜0. 1, ＊＊表示 p＜0. 05, ＊＊＊表示 p＜0. 01。

5.5.4　增加控制变量

本章借鉴吴昊旻等（2018）关于薪酬差距决定机制的研究所使用的控制变量，在本章回归模型中增加对托宾 Q（Tobinq）和资产有形性（Tangibles）的控制，主要检验结果如表 5 – 10 所示。自变量的系数仍然显著为正，主要检验结论未发生变化。

表 5 – 10　　　　　　　　　增加控制变量的检验结果

项目	（1）	（2）
	Fpg1	Fpg2
Innov_Merge	0.2106 * （1.95）	0.0452 ** （2.12）
Size	1.0051 *** （15.63）	0.2085 *** （18.65）
Lev	– 0.5960 *** （– 2.87）	– 0.1218 ** （– 2.57）
Age	0.5151 *** （3.23）	0.0767 ** （2.27）
Growth	0.0837 * （1.81）	0.0238 ** （2.32）
Top1	– 1.6010 *** （– 5.10）	– 0.3529 *** （– 5.48）
Boardsize	– 0.0162 （– 0.55）	– 0.0077 （– 1.24）
Indepent	1.7000 ** （2.24）	0.4452 *** （2.80）
State	– 1.0509 *** （– 9.76）	– 0.2553 *** （– 11.48）
Tobin	0.0552 *** （3.30）	0.0045 （1.36）

续表

项目	(1)	(2)
	*Fpg*1	*Fpg*2
Tangibles	0.4922 * (1.72)	0.0897 (1.41)
行业	控制	控制
年度	控制	控制
Constant	− 17.6189 *** (− 8.87)	− 3.2231 *** (− 9.17)
R^2_adj	0.1713	0.1696
N	4967	4967

注：括号内为 *t* 值，＊表示 $p < 0.1$，＊＊表示 $p < 0.05$，＊＊＊表示 $p < 0.01$。

5.5.5 其他稳健性检验

除上述稳健性检验外，还进行了以下方面的稳健性检验：

第一，与第4章4.5.3节的做法一致，在模型中控制了是否发生并购（Nm），回归结果仍然支持主要假设。

第二，考虑到金融危机对并购市场和企业创新的影响可能会导致研究结果的不确定性，在稳健性检验中剔除了2010年之前的样本后进行回归检验，相关结论同样也未发生变化。

5.6 进一步检验

5.6.1 股权分散程度的进一步影响

股权集中度代表了股东对公司的监督能力，股权分散程度较高意味着高管具有更大的权力（王雄元等，2014；潘红波、张哲，2019）。那么，当上市公司股权分散程度较高、股权集中度较低时，高管从所获权力中获得的隐性激励将更大，从而在基于并购的开放式创新模式下，对高管的薪酬显性激励程度便可以降低。因此，有可能在股权分散程度较低、集中度高的上市公司中，基于并购的开放式创新对高管与员工间薪酬差距的影响也越大。但是，已有研究基于股权结构下的薪酬差距的创新激励效应的研究发现，只有在股权分散程度较高时薪酬差距与研发投入才显著正相关，而股权集中度较高时受大股东强监督的影响，薪酬差距对创新的激励作用不明显（李文涛等，2018），由于在股权分散程度下薪酬差距才会产生对创新的激励作用，所以也有可能在股权分散程度较高、集中程度低的上市公司中，基于并购的开放式创新对高管与员工间薪酬差距的影响也越大。因此，由于股权具有隐性权力和显性监督两方面的效应，所有股权分散程度对基于并购的开放式创新影响薪酬差距的作用也可能存在两方面的影响。

为检验上述观点，借鉴王雄元等（2014）的研究，设置股权分散程度的度量变量。当第一大股东持股比例除以第 2～10 大股东持股比例之和小于 1 时取 1（$Disp=1$），否则取 0。表 5 - 11 为按照股权分散度进行分组检验的结果。结果显示，在股权分散程度较高组中，自变量系数显著为正，而在股权分散程度较低组中，自变量系数并不显著异于零。结果表明，在股权分散程度较高、集中程度低的上市公司中，基于并购的开放式创新对高管与员工间薪酬差距的影响也较大。这里支持了股权分散度高才能提升薪酬差距激励效应的结论，并未支持隐性激励的假说。这表明，虽然高股权分散程度能够代表高管所能获得的隐性权力，但是低股权分散度、高股权集中度的强监督下，扩大薪酬差距并不产生激励效应，所以隐性激励的作用并未发生，反而在低集中度、高分散度的情况下会更倾向于采取高薪酬差距的激励措施。这也说明监督与激励两种解决代理问题的核心机制之间也存在着替代关系。

表 5 – 11　　　　　　　　　　股权分散程度的进一步影响

项目	(1) Fpg1 分散度高 Disp = 1	(2) Fpg1 分散度低 Disp = 0	(3) Fpg2 分散度高 Disp = 1	(4) Fpg2 分散度低 Disp = 0
Innov_Merge	0.2533 * (1.74)	0.1280 (0.86)	0.0490 * (1.74)	0.0346 (1.12)
Size	0.8601 *** (13.27)	1.1768 *** (11.30)	0.1916 *** (16.09)	0.2373 *** (13.79)
Lev	− 0.6117 ** (− 2.56)	− 0.5228 (− 1.52)	− 0.1142 ** (− 2.04)	− 0.0916 (− 1.25)
Age	0.4398 ** (2.45)	0.5356 ** (2.09)	0.0590 (1.46)	0.0939 * (1.82)
Growth	0.1160 ** (2.08)	0.0264 (0.34)	0.0268 ** (2.08)	0.0113 (0.69)
Top1	− 1.0187 *** (− 2.78)	− 2.4010 *** (− 2.64)	− 0.2676 *** (− 3.31)	− 0.4073 ** (− 2.20)
Boardsize	− 0.0251 (− 0.83)	− 0.0036 (− 0.06)	− 0.0096 (− 1.37)	− 0.0058 (− 0.54)
Indepent	1.3479 * (1.67)	2.8432 ** (1.98)	0.3870 ** (2.15)	0.5528 ** (2.01)
State	− 1.1346 *** (− 9.70)	− 0.6603 *** (− 3.03)	− 0.2721 *** (− 10.89)	− 0.1688 *** (− 4.13)
行业	控制	控制	控制	控制
年度	控制	控制	控制	控制
Constant	− 14.1944 *** (− 9.56)	− 22.8084 *** (− 9.79)	− 2.8159 *** (− 10.09)	− 4.1875 *** (− 10.57)
R^2_adj	0.1747	0.2409	0.1830	0.2261
N	12287	5955	12287	5955

注：括号内为 t 值，* 表示 p < 0.1，** 表示 p < 0.05，*** 表示 p < 0.01。

5.6.2 产权性质的进一步影响

不同产权性质企业的激励机制存在差异性，国有企业与民营企业高管对激励的偏好存在一定的差异性。国有企业高管往往具有行政级别而非单纯的职业经理人（杨瑞龙等，2013），其个人追求目标具有很强的仕途发展倾向（步丹璐等，2017）。因而，相对于民营企业高管，国有企业高管的晋升与权力等带来的隐性激励要更高，对于显性激励的需要则会降低。并且，国有企业高管薪酬的公平问题不仅仅涉及企业内部的公平问题，还与社会公平相关。国有企业委托人的公平偏好内生于社会公平约束，其参照对象是社会公众可接受的公平工资（晏艳阳、金鹏，2012）。因此，考虑国有企业薪酬契约机制的特殊性，当国有企业采取基于并购的开放式创新模式时，为兼顾高管个人对公平的感知以及社会公平的约束，其与员工之间的薪酬差距程度将会适当缩减。由此，预期在民营企业中，基于并购的开放式创新对高管薪酬差距的影响会更为显著。

表 5－12 为根据产权性质进行分组检验的回归结果。结果显示，在民营企业组（State = 0）中，自变量的系数显著为正，而在国有企业组中自变量的系数并不显著。由此，上述关于产权性质影响下基于并购的开放式创新与薪酬差距的理论预期被证实。

表 5－12　　　　　　　　　产权性质的进一步影响

项目	（1）	（2）	（3）	（4）
	民营企业	国有企业	民营企业	国有企业
	Fpg1	Fpg1	Fpg2	Fpg2
Innov_Merge	0.2324 *	0.0653	0.0457 *	0.0266
	(1.88)	(0.33)	(1.89)	(0.64)
Size	1.2158 ***	0.7867 ***	0.2517 ***	0.1780 ***
	(14.92)	(9.55)	(18.16)	(12.09)

续表

项目	（1）	（2）	（3）	（4）
	民营企业	国有企业	民营企业	国有企业
	$Fpg1$	$Fpg1$	$Fpg2$	$Fpg2$
Lev	− 0.6247 ** （− 2.38）	− 0.9921 *** （− 3.28）	− 0.1000 * （− 1.77）	− 0.2135 *** （− 2.88）
Age	0.0976 （0.55）	0.7864 *** （2.78）	0.0022 （0.06）	0.1015 （1.64）
Growth	0.0326 （0.58）	0.1466 ** （1.98）	0.0127 （1.02）	0.0331 ** （2.00）
Top1	− 0.2180 （− 0.62）	− 2.8486 *** （− 5.19）	− 0.0086 （− 0.12）	− 0.7340 *** （− 6.65）
Boardsize	0.0340 （0.81）	− 0.0237 （− 0.65）	0.0039 （0.47）	− 0.0123 （− 1.48）
Indepent	3.7243 *** （3.45）	1.5707 （1.51）	0.7509 *** （3.56）	0.5021 ** （2.15）
行业	控制	控制	控制	控制
年度	控制	控制	控制	控制
Constant	− 23.0739 *** （− 12.16）	− 13.6834 *** （− 6.88）	− 4.3854 *** （− 13.52）	− 2.6682 *** （− 7.23）
R^2_adj	0.2217	0.1919	0.2090	0.2009
N	10979	7263	10979	7263

注：括号内为 t 值，* 表示 $p < 0.1$，** 表示 $p < 0.05$，*** 表示 $p < 0.01$。

5.6.3 基于并购的开放式创新与"薪酬差距 − 业绩敏感性"

高管薪酬业绩敏感性体现了高管薪酬与公司业绩挂钩的程度，反映了采取"业绩薪酬"对高管进行激励的力度。根据最优薪酬契约理论，只有当通过高管努力能够改变业绩时，即业绩中更多包含高管努力时，高薪酬业绩敏感性的薪酬激励方式才能更好地发挥激励作用。根据前文分析，采取基于并购的开放式创新模式时，公司创新效率效果的决定主体层级将上移，公司创新效率与创新所决定的公司业绩将更取决于高管的努力程度。因此，基于这一逻辑，公司不仅仅会采取薪酬业绩敏感性更高的激励方式，而且将可能在高管与员工薪酬差距设计上，采取更高的薪酬差距业绩敏感性，以激励高管付出更大努力并提升高管的公平感知水平。因此，预期采取基于并购的开放式创新模式，将能够提升高管员工垂直"薪酬差距–业绩敏感性水平"，采取基于并购的开放式创新的公司，会更倾向于采取与业绩相挂钩的垂直薪酬差距设计方式来激励高管。

为检验基于并购的开放式创新与薪酬差距业绩敏感性之间的关系，构建模型（5－2）：

$$Fpg = \alpha_0 + \alpha_1 Roa + \alpha_2 Roa \times Innov\_Merge + \alpha_3 Innov\_Merge$$

$$+ \sum Control + \sum Year + \sum Ind + \sigma \qquad (5-2)$$

模型变量定义同前。如果 α_2 显著大于零，则上述理论分析观点成立。检验结果如表 5－13 所示。交乘项的系数显著大于零，表明采取基于并购的开放式创新的公司高管员工垂直"薪酬差距–业绩敏感性水平"也越高。这一结论也进一步表明，在基于并购的开放式创新中，公司高管是被强化激励的核心主体。

表 5－13　　基于并购的开放式创新与"薪酬差距–业绩敏感性"

项目	(1)	(2)
	Fpg2	Fpg2
Innov_Merge	− 0.0522 （− 0.33）	− 0.0106 （− 0.35）
Innov_Merge × Roa	5.0575 ** （1.98）	1.0461 ** （2.26）
Roa	4.5250 *** （4.72）	1.0764 *** （4.89）
Size	0.9012 *** （15.42）	0.1918 *** （18.46）
Lev	− 0.0233 （− 0.10）	0.0223 （0.42）

续表

项目	(1)	(2)
	Fpg2	*Fpg2*
Age	0.5010 *** (3.22)	0.0744 ** (2.24)
Growth	− 0.0040 (− 0.08)	− 0.0002 (− 0.02)
*Top*1	− 1.7123 *** (− 5.52)	− 0.3872 *** (− 6.06)
Boardsize	− 0.0153 (− 0.52)	− 0.0080 (− 1.30)
Indepent	1.9362 *** (2.60)	0.4695 *** (3.01)
State	− 1.0126 *** (− 9.66)	− 0.2446 *** (− 11.19)
行业	控制	控制
年度	控制	控制
Constant	− 17.0586 *** (− 12.04)	− 3.2148 *** (− 12.55)
R^2_adj	0.1982	0.2014
N	18242	18242

注：括号内为 t 值，** 表示 $p < 0.05$，*** 表示 $p < 0.01$。

5.6.4 短期创新绩效的中介作用机制检验

基于并购的开放式创新对薪酬契约的理论分析认为，基于并购的开放式创新具有风险低、周期短等特征，这使得在基于并购的开放式创新中高管基于高薪酬业绩敏感性能通过并购绩效获得更高的薪酬水平，并且高管作为在基于并购的开放式创新中主要的被激励对象，其所获薪酬倾斜也将高于员工。这一机制也将可能是采取基于并购的开放式创新对高管新员工薪酬差距影响的一个重要原因。所以，在基于并购的开放式创新中短期创新绩效预期，也能够在基于并购的开放式创新影响薪酬差距的作用中起到中介效应。所以，预期基于并购的开放式创新能够通过提升短期创新产出，进而提升高管–员工垂直薪酬差距。进一步检验短期创新绩效在基于并购的开放式创新影响高管薪酬契约中的中介效应。本章为检验短期创新绩效的中介效应，设置了短期创新绩效度量变量（$Dinovation$），度量方法为下一期与当期创新产出的差异，创新产出采用发明专利申请数度量。

第一，创新产出变化在基于并购的开放式创新影响薪酬差距的中介效应检验。分别按照以下三个模型逐步进行检验：

$$Fpg = \alpha_0 + \alpha_1 Innov\_Merge + \sum Control$$

$$+ \sum Year + \sum Ind + \sigma \qquad (5-3)$$

$$Dinnovation = \alpha_0 + \alpha_1 Innov\_Merge + \sum Control$$

$$+ \sum Year + \sum Ind + \sigma \qquad (5-4)$$

$$Fpg = \alpha_0 + \alpha_1 Innov\_Merge + \alpha_2 DInnovation$$

$$+ \sum Control + \sum Year + \sum Ind + \sigma \qquad (5-5)$$

如果模型（5−3）的系数 α_1 显著为正、模型（5−4）的系数 α_1 也显著为正、模型（5−5）中 α_1 不显著为正但 α_2 显著为正，则表明创新产出在基于并购的开放式创新影响薪酬差距中起到完全中介效应。

表5−14 的列（1）中 $Innov\_merge$ 的系数显著为正，表明基于并购的开放式创新能够显著提升短期创新绩效。进一步，在列（2）中，$Innov\_merge$ 的系数在 10% 的水平上显著为正，显著性水平低于不加入中介变量时的显著性，而列（3）中，$Innov\_merge$ 的系数不再显著为正。中介变量 $Dinovation$ 的系数在列（2）与列（3）中均在 1% 的水平上显著为正，这表明，短期创新绩效的提升在基于并购的开放式创新对高管–员工垂直薪酬差距的影响机制中起到中介作用。

表 5 - 14   短期创新绩效的中介效应检验结果

项目	(1)	(2)	(3)
	Dinovation	Fpg1	Fpg2
Innov_Merge	2.4871 ** (2.48)	0.1656 * (1.74)	0.0246 (1.18)
Dinovation		0.0027 *** (3.14)	0.0006 *** (3.26)
Size	5.0534 *** (20.12)	0.9937 *** (41.03)	0.2051 *** (38.65)
Lev	- 2.8814 ** (- 1.99)	- 0.8322 *** (- 6.05)	- 0.1576 *** (- 5.23)
Age	- 2.4457 *** (- 2.86)	0.5680 *** (6.99)	0.0841 *** (4.73)
Growth	4.8339 *** (8.26)	0.0683 (1.23)	0.0212 * (1.73)
Top1	0.3241 (0.20)	- 1.6319 *** (- 10.42)	- 0.3829 *** (- 11.16)
Boardsize	- 0.2187 (- 1.35)	- 0.0205 (- 1.34)	- 0.0074 ** (- 2.18)
Indepent	1.2756 (0.27)	1.9154 *** (4.26)	0.4357 *** (4.43)
State	0.9219 * (1.65)	- 1.0271 *** (- 19.31)	- 0.2468 *** (- 21.17)
Constant	- 98.2521 *** (- 16.17)	- 17.5702 *** (- 30.15)	- 3.2407 *** (- 25.38)
R^2_Adj	0.0787	0.2047	0.1971
N	12531	12531	12531

注：括号内为 t 值，* 表示 p < 0.1，** 表示 p < 0.05，*** 表示 p < 0.01。

5.7 本章小结

本章分析并检验了基于并购的开放式创新对高管–员工垂直薪酬差距的影响。研究发现，在采取了基于并购的开放式创新的上市公司中，高管与员工间的薪酬差距更大；在总经理不兼任董事长、股权分散程度较高的分权式权力配置模式下，采取基于并购的开放式创新对高管与员工间薪酬差距的影响较明显。这表明，在基于并购的开放式创新模式下，企业高管是被强化激励的主要对象，且高管权力配置等隐性激励对高管薪酬的显性激励具有一定的替代性。虽然高股权分散程度能够代表高管所能获得的隐性权力，但是低股权分散度、高股权集中度的强监督下，扩大薪酬差距并不产生激励效应，所以隐性激励的作用并未发生，反而在低集中度、高分散度的情况下会更倾向于采取高薪酬差距的激励措施。采取基于并购的开放式创新的公司高管员工垂直"薪酬差距–业务敏感性水平"也较高，这一结论也进一步表明，在基于并购的开放式创新中，公司高管是被强化激励的核心主体。区分产权性质之后发现，在民营企业中，基于并购的开放式创新对高管与员工间薪酬差距的影响更为明显。

本章研究结论的实践启示意义：

第一，企业设计创新激励机制时，应根据创新主体的分工与贡献进行分层化激励机制设计，尤其应考虑基于并购的开放式创新其贡献主体在职位体系中上移的现象，并有侧重地设计薪酬差异机制。当企业采取基于并购的开放式创新时，应根据高管努力程度决定性作用的提升，在纵向薪酬机制设计中向在并购决策中起核心作用的高管倾斜。

第二，在制定面向公司高管的创新激励机制时，应考虑晋升、权力配置等对高管的激励效应，权衡隐性与显性激励的综合激励效应，避免激励过度而增加激励成本、降低激励效果。尤其是在创新型国有企业中，激励机制的设计应将薪酬激励与晋升机制等统筹考虑，对于执行"限薪令"的国有企业在进行开放式创新时，应设计替代性激励机制。但是，这种设计也要考虑扩大薪酬差距激励有效性的条件，当在高股权集中度等不适用扩大薪酬差距的激励模式下，则不应提升薪酬差距水平，而应强化监督力度。

第6章

基于并购的开放式创新对股权
激励机制的影响的研究

6.1 引　　言

　　股权激励是一种重要的非货币化薪酬形式，这种激励方式同样能够产生较好的激励效果（Jensen and Meckling，1976）。2018 年，国务院发布《关于优化科研管理提升科研绩效若干措施的通知》，要求加大对承担国家关键领域核心技术攻关任务科研人员的薪酬激励，加大高校、科研院所和国有企业科研人员科技成果转化股权激励力度。已有研究发现，股权激励有助于激发企业创新活力（刘宝华、王雷，2018；田轩、孟清扬，2018）。同样对于并购而言，已有研究发现股权激励能够适当缓解高管以牟取私有收益为目的而发动毁损股东价值的并购行为，是提升并购决策效率的重要激励机制（李善民等，2009）。甚至已有研究认为，按照业绩支付薪酬并不是最有利于企业创新的薪酬方案，有时会起到负面作用（Manso，2011；He and Tian，2013）。股票期权配之以较长的行权等待期、允许股票期权再定价，赋予"金色降落伞"① 以及保障高管长期在位是最优的、能够激励高管做出创新决策的薪酬方案。因此，股权激励能够有效补充货币化薪酬激励的先天不足（李丹蒙、万华林，2017；许婷、杨建君，2017；陈华东，2016；谭洪涛等，2016）。根据前面的分析，这一结论主要是基于自建式创新投资的高风险特征以及长周期而言的，对于本研究所探讨的基于并购的开放式创新而言，这种关系或许将发生变化。

从理论上，一方面，股权激励计划一般由于基于并购的开放式创新具有创新周期相对缩短、创新风险相对降低的特点，所以适用于高风险、长周期条件下发挥激励作用的股权激励的适应性将可能降低；另一方面，有研究从并购决策与并购效率的角度研究发现，股权激励能够提升并购决策效率以及并购后的整合效果，为股东创造财富价值（姚晓林等，2017）。所以，基于以上两个视角，基于并购的开放式创新将如何影响股权激励的选择以及股权激励又如何影响货币化薪酬激励的问题将存在一定的不确定性。因此，基于并购的开放式创新，在其降低创新风险以及创新周期的前提条件下，股权激励是否仍然会被选择为一种激励方式呢？作为一种与货币化薪酬相互补充的激励方式，股权激励将如何影响货币化薪酬激励，即基于并购的开放式创新模式下是否也存在一种此消彼长的薪酬结构呢？这些问题将是在基于并购的开放式创新背景下，结合股权激励探讨高管薪酬契约决定机制，需进一步探讨的。此外，根据理论分析，基于并购的开放式创新中，创新贡献主体在职位体系中上移，高管成为更重要的创新决定主体，那么在股权激励方案设计中是否将体现出向高管层面的倾斜特征也有待考察。

针对上述研究问题，本章在分析基于并购的开放式创新股权激励选择

---

① 金色降落伞（golden parachute），指作为企业的高级管理层，在失去他们原来的工作后，公司从经济上给予其丰厚保障（包括股票期权、奖金、解雇费等），从而可规避公司控制权变动带来的冲击而实现平稳过渡。

的影响，以及在基于并购的开放式创新模式下，股权激励与货币化薪酬激励之间的作用关系时，发现采用基于并购的开放式创新的上市公司，会提升股权激励的倾向性：当创新风险较低时，基于并购的开放式创新对股权激励选择的倾向性将减弱，这表明股权激励仍然适合风险较高的创新。基于并购的开放式创新模式下，股权激励与货币化薪酬激励之间表现出此消彼长的关系，当采取股权激励时，基于并购的开放式创新对高管薪酬水平与薪酬差距均有抑制作用。进一步研究发现，采取基于并购的开放式创新的上市公司，在高管与核心技术人员之间股权激励对象的选择上，更倾向于激励公司高管，而且在向高管授予股权激励比重较高的样本中，股权激励有效期会显著缩短，这进一步为基于并购的开放式创新模式下激励政策向高管倾斜、以短期为主的理论预期提供了证据支持。

本章研究的主要贡献为：第一，已有关于基于股权的创新激励机制的研究，主要考察了直接创新投资等自建式创新模式下的股权激励机制设计的原理与决定机制，以及股权激励对创新效率与创新产出水平的影响机理，但已有研究尚未以基于并购的开放式创新为对象，揭示股权激励的方案的决定机制。本研究以基于并购的开放式创新在创新周期、创新风险、创新主体异质性等视角下，揭示开放式创新模式下的股权激励的设计决定机制，丰富了股权激励影响因素的相关研究。第二，本研究将股权激励与货币化薪酬激励两种模式同时纳入开放式创新激励框架下进行分析，发现了在基于并购的开放式创新模式下股权激励与货币化薪酬激励之间的作用关系，从多元激励方式交互作用的视角丰富了高管薪酬契约设计的决定激励，同时，也为高管激励的替代性方案设计提供了理论依据。

6.2 理论分析与研究假设

股权激励是一种重要的非货币化薪酬形式，这种激励方式同样能够产生较好的激励效果。因此，为激励高管为基于并购的开放式创新付出努力，公司也可能会采取股权激励的方式。同时，股权激励与货币化薪酬激励之间存在相互替代关系（Core et al.，2003），所以，预计在基于并购的开放式创新对高管货币化薪酬激励的影响中也会受到股权激励的替代性影响，即如果高管在并购发生的当期获得股权激励，那么货币性薪酬水平的提升程度将并不明显。

6.2.1 基于并购的开放式创新与股权激励选择

从代理理论的一般视角，基于并购的开放式创新对激励机制的需求，主要是降低高管在以并购为手段的创新活动中的代理问题，而股权激励则具有缓解代理成本的作用。已有研究也发现，股权激励有助于激发企业创新活力（刘宝华、王雷，2018；田轩、孟清扬，2018）。对于一般创新活动而言，股权激励对创新具有一定的促进作用。基于并购的开放式创新作为一种创新模式，同样也需要股权激励的作用；因此，从一般意义上讲，采取基于并购的开放式创新的上市公司对高管进行股权激励的倾向性会高于未采取基于并购的开放式创新的上市公司。同时，基于并购的视角，已有研究发现授予高管的股权激励显著促进了高管的并购积极性，缓解代理问题和提升风险承担是潜在的作用渠道（王姝勋、董艳，2020），这也进一步表明在基于并购的开放式创新中提升对高管的股权激励水平的必要性。因此，基于上述分析提出以下假设：

H6-1：采取基于并购的开放式创新的上市公司，进行股权激励的倾向性更高，即基于并购的开放式创新会提升股权激励的选择程度。

值得注意的是，股权激励效应的重要机制途径是对高管风险承担水平的提升（陈文强，2018；Williams and Rao，2006），股票期权等股权激励方式能够补偿风险厌恶管理者，因为期权收益的凸性可以抵消管理者的风险厌恶（Smith and Stulz，1985）。股票激励对高管风险承担的提升，会激发各类企业创新活动的开展（Chen et al.，2014），并且已有研究发现股票期权对创新的激励主要是通过冒险激励，而非股票期权对绩效的激励（Chang et al., 2015）。因此，提高公司高管风险承担意愿和水平有助于企业把握投资机会而提升具有高不确定性的创新活动的意愿。但是，在风险承担水平提升的同时，高管也可能会出现投资于高风险、负 NPV 项目的冒险行为（Dong et at., 2010）。由于并购的开放式创新，相较于自建式创新投资，具有风险低、创新绩效形成周期短的特征，所以采取基于并购的开放式创新的公司，虽然对股权激励存在直观的需要，但是基于并购的开放式创新的低风险特征与短期创新绩效的形成，将一定程度地弱化对股权激励的需求。因此，预期较高的短期创新绩效与较低的创新风险，会降低基于并购的开放式创新模式下对股权激励的选择。根据以上分析，提出以下假设：

H6 - 2：较高的短期创新绩效与较低的创新风险，会降低基于并购的开放式创新对股权激励选择的正向影响。

6.2.2　基于并购的开放式创新下的高管薪酬激励结构

股权激励与货币化薪酬激励之间存在相互替代关系（Core et al., 2003）。如果股权激励与薪酬激励同时实施，且不考虑二者之间的替代关系时，过高的激励超出高管实现能力则会无法带来激励的边际效应。所以，从一般意义而言，对高管进行激励是会在股权激励与薪酬激励之间进行权衡，通过一种方式替代另一种方式的无效激励部分，从而提升激励措施的有效性。所以，预计在基于并购的开放式创新对高管薪酬激励的影响中也会受到股权激励的替代性影响，即如果高管在并购发生的当期获得股权激励，那么货币性薪酬水平的提升程度将并不明显。对于高管 - 员工垂直薪酬差异也是如此，高管所获额外股权激励将成为高管在基于并购的开放式创新中付出努力的补偿机制，通过股权激励能够一定程度上消除高管的不公平感受，因此货币性薪酬在平衡高管不公平感受方面的作用也将降低。所以，在基于并购的开放式创新模式下，股权激励对高管－员工垂直薪酬差距也同样存在替代效应。在基于并购的开放式创新模式下，存在着货币化薪酬激励与股权激励之间此长彼消的薪酬激励结构特征。因此，提出以下假设：

H6－3：基于并购的开放式创新模式下，股权激励对薪酬激励具有替代作用，当采取股权激励时，基于并购的开放式创新对高管薪酬水平与薪酬差距均有抑制作用。

6.3 实证研究设计

6.3.1 关键变量定义

Dequ 为高管股权激励变量，它是度量公司是否制定股权激励计划的哑变量。我国在 2005 年底开始推行股权激励计划。如果一家公司当年执行了股权激励计划（包括股票期权计划、限制性股票计划等），本研究就将其股权激励变量定义为 1，否则就将其定义为 0。

Innov_Merge 为是否采用基于并购的开放式创新的度量变量。当上市公司当期发生基于并购的开放式创新时，该变量赋值为 1，否则为 0。对于是否发生基于并购的开放式创新的判断包括以下两个方面：一方面，上市公司的并购行为是否以获得创新资源或提升创新能力为目的，具体要求满足以下条件之一：一是在并购公告或问询函中所阐述的并购目标明确表达了获得技术、专业技术人才等意图，或明确表达了提升企业创新能力、开发新技术、发展创新产品等并购意图；二是并购的对象是研发平台或者技术研发类的科技企业。另一方面，所涉及的并购事件必须是发生控制权转移的并购事件。

研究股权激励决定机制的文献较少，由于股权激励也是一种薪酬激励方式，其决定机制中虽然会有特殊的因素，但总体上与货币化薪酬激励机制决定因素具有一定的一致性，所以本章控制变量仍然选择了货币化薪酬水平部分的控制变量，并且在本章稳健性检验中还进行了增加控制变量的处理。模型所选取的控制变量主要包括：公司规模（Size），采用公司当年年末总资产的自然对数来衡量；资产负债率（Lev），采用公司当年年末总负债/当年年末总资产衡量；公司成长性（Growth），采用公司当年主营业务收入的增长率来衡量；第一大股东持股比例（Top1）；董事会的董事人数（Boardsize）；独立董事人数占总董事人数的比例（Indepent）；上市公司的产权性质（State）。另外还在模型中控制了年度差异和行业差异，引入年度虚拟变量（Year）和行业虚拟变量（Ind）。

本章节所使用的主要变量及变量定义如表6-1所示。

表6-1　　　　　　　　　　　　　变量定义

变量名称	符号	变量定义
高管薪酬水平	Lnpay	以上市公司前三位高管薪酬总和的对数
股权激励	Dequ	当年实施股权激励计划则为1，否则为0
基于并购的开放式创新	Innov_Merge	是否发生基于并购的开放式创新的虚拟变量，发生为1，未发生为0
高管-员工垂直薪酬差距	Fpg1	高管平均薪酬与员工平均薪酬的比值
	Fpg2	高管平均薪酬与员工平均薪酬的差额
公司规模	Size	公司总资产的自然对数
资产负债率	Lev	总负债除以总资产
成长性	Growth	营业收入增长率
年龄	Age	公司年龄的自然对数
股权结构	Top1	第一大股东的持股比例
董事会规模	Boardsize	董事会的董事人数
独立董事比例	Indepent	独立董事人数占总董事人数的比例
产权性质	State	国有企业为1，非国有企业为0
行业	Ind	根据上市公司的行业代码设定虚拟变量
年度	Year	根据样本年度设置虚拟变量

6.3.2　回归模型设计

为检验本章假设 H6 - 1 提出的基于并购的开放式创新与股权激励选择之间的关系，设计回归模型（6 - 1）：

$$Dequ = \alpha_0 + \alpha_1 Innov\_Merge + \sum control + \sum Year + \sum Ind + \sigma$$

$$(6-1)$$

α_1 表示基于并购的开放式创新对股权激励方式选择的影响，当 α_1 显著大于零时，表示基于并购的开放式创新提升了对高管进行股权激励的倾向性。由于模型的因变量为哑变量，所以回归模型采用 Logit 模型进行估计。

为检验本章假设 H6 - 2 提出的低创新风险与高短期创新产出在基于并购的开放式创新与股权激励间的调节作用，设计回归模型（6 - 2）与模型（6 - 3）：

$$Dequ = \beta_0 + \beta_1 Innov\_Merge + \beta_2 Innov\_Merge \times Rin + \beta_3 Rin$$
$$+ \sum control + \sum Year + \sum Ind + \sigma \qquad (6-2)$$
$$Dequ = \varphi_0 + \alpha_1 Innov\_Merge + \varphi_2 Innov\_Merge \times Dinnovation$$
$$+ \varphi_3 Dinnovation + \sum control + \sum Year + \sum Ind + \sigma$$

$$(6-3)$$

创新风险与短期创新绩效的度量方法与前面相同，其中创新风险（Rin）度量上借鉴了王玉泽等（2019）的研究，根据当年的研发支出增长率是否大于净利润的增长率设置虚拟变量度量创新风险，当研发支出增长率高于净利润增长率时（$Rin = 1$），企业创新活动并未能够有效改善公司业绩，表明存在创新风险，反之则不存在。短期创新绩效度量变量（$Dinnovation$），度量方法为下一期与当期创新产出的差异，创新产出采用发明专利申请数度量。由于模型的因变量为哑变量，所以回归模型采用 Logit 模型进行估计。

交乘项系数代表调节效应，如果式（6-2）交乘项系数显著为正，表明若创新风险越高（低），则在基于并购的开放式创新模式下选择股权激励的倾向越高（低）；如果式（6-3）交乘项系数显著为负，表明若短期创新绩效越高，则在基于并购的开放式创新模式下选择股权激励的倾向越低。

对本章假设 H6-3 基于并购的开放式创新模式下激励结构（股权激励与薪酬激励之间的替代关系）的检验，将分别采用分组检验方法进行回归检验，具体操作方法见实证结果展示部分。

6.4 实证检验结果

6.4.1 描述性统计结果

表 6-2 报告了除行业和年度虚拟变量以外关键变量的描述性统计结果。高管股权激励变量 *Dequ* 的均值为 0.154，表明在样本中有 1.54% 的上市公司实施了股权激励。其他变量与前两章节的描述性统计结果基本一致，发生微小变化的主要原因是参与回归变量差异以及变量缺失而导致统计数据相比存在差异，其他变量的统计情况同前面，此处不再赘述。

6.4.2 相关性分析

表 6-3 列示了采用 Pearson 检验进行主要变量的相关性分析的结果。

表 6 - 2

描述性统计结果

变量	样本量	均值	标准差	最小值	25%分位数	中位数	75%分位数	最大值
$Dequ$	19462	0.154	0.361	0	0	0	0	1
$Lnpay$	19462	14.28	0.688	12.62	13.83	14.26	14.69	16.22
$Fpg1$	18037	3.673	2.655	1.056	1.986	2.888	4.425	16.47
$Fpg2$	18037	1.113	0.588	0.0548	0.686	1.061	1.487	2.801
Roe	19462	0.0639	0.105	-0.504	0.0291	0.0676	0.113	0.306
Roa	19462	0.0392	0.0497	-0.147	0.0139	0.0355	0.0639	0.187
$Innon\_Merge$	19462	0.0431	0.203	0	0	0	0	1
$Size$	19462	22.07	1.265	19.71	21.15	21.89	22.79	25.97
Lev	19462	0.436	0.210	0.0502	0.267	0.433	0.600	0.886
$Growth$	19462	0.204	0.483	-0.554	-0.0193	0.119	0.293	3.231
Age	19462	2.821	0.304	1.946	2.639	2.833	3.045	3.466
$Top1$	19462	0.352	0.150	0.0872	0.232	0.333	0.454	0.750
$Boardsize$	19462	8.741	1.735	5	8	9	9	15
$Indepent$	19462	0.373	0.0528	0.333	0.333	0.333	0.429	0.571
$State$	19462	0.411	0.492	0	0	0	1	1

表 6 – 3

相关性检验结果

变量	Dequ	Lnpay	Innov_Merge	Size	Lev	Growth	Age	Top1	Boardsize	Indepent
Dequ	1									
Lnpay	0.090*	1								
Innov_Merge	0.038***	0.035***	1							
Size	-0.049***	0.448***	-0.026***	1						
Lev	-0.102***	0.082***	-0.063***	0.502***	1					
Growth	0.071***	0.043***	0.061***	0.051***	0.040***	1				
Age	-0.066***	0.166***	-0.018**	0.141***	0.170***	0.001	1			
Top1	-0.044***	0.012*	-0.049***	0.230***	0.078***	0.000	-0.158***	1		
Boardsize	-0.061***	0.109***	-0.050***	0.282***	0.175***	-0.029***	0.001	0.032***	1	
Indepent	0.044***	-0.00200	0.027***	0.020***	-0.015***	0.013*	-0.025***	0.048***	-0.445***	1
State	-0.185***	0.00400	-0.092***	0.342***	0.316***	-0.081***	0.093***	0.220***	0.281***	-0.065***

注：* 表示 $p < 0.1$，** 表示 $p < 0.05$，*** 表示 $p < 0.01$。

从表 6 - 3 的结果中可以得到如下结论：

第一，自变量 *Innov_Merge* 与是否采取股权激励的度量变量 *Dequ* 之间在 1% 的水平上显著正相关，表明基于并购的开放式创新不仅显著提升了高管薪酬水平、高管 - 员工垂直薪酬差距，还提升了股权激励水平，与理论预期相符。第二，股权激励与高管薪酬水平之间在 10% 的水平上呈正相关关系，显著性较弱，其二者之间的具体关系将通过回归检验的方式做进一步探讨。

6.4.3　回归检验结果

1. 基于并购的开放式创新对高管股权激励的影响

表 6 - 4 为本章假设 H6 - 1 中提出的基于并购的开放式创新对高管股权激励选择倾向影响的检验结果。从结果看，自变量的系数为 0.0974，且在 10% 的水平上显著为正，这表明基于并购的开放式创新显著影响了高管股权激励的选择，采取基于并购的开放式创新的上市公司，进行股权激励的倾向性要更高，即基于并购的开放式创新会提升股权激励的选择程度，由此本章假设 H6 - 1 成立。

表 6 - 4　　基于并购的开放式创新对高管股权激励的影响检验结果

项目	*Dequ*
Innov_Merge	0.0974 * (1.75)
Size	0.0968 *** (6.10)
Lev	- 0.4990 *** (- 5.49)
Age	- 0.3288 *** (- 6.37)

续表

项目	*Dequ*
Growth	0. 1771 *** (6. 63)
*Top*1	− 0. 0689 (− 0. 67)
Boardsize	0. 0188 * (1. 74)
Indepent	1. 1584 *** (3. 88)
行业	控制
年度	控制
Constant	− 2. 7755 *** (− 7. 07)
Pseudo R²	0. 1474
N	19438

注: 括号内为 z 值, ＊表示 p < 0.1, ＊＊＊表示 p < 0.01。

2. 短期创新绩效与创新风险的调节效应检验

表 6 - 5 列（1）是创新风险调节效应的检验结果, 列（2）是短期创新绩效调节效应的检验结果。根据假设 H6 - 2, 较高的短期创新绩效与较低的创新风险, 会降低基于并购的开放式创新对股权激励选择的正向影响。预期 *Innov_Merge* × *Dinovation* 的系数显著为负数, *Innov_Merge* × *Rin* 的系数显著为正。但是, 从回归结果上看, *Innov_Merge* × *Rin* 的系数在 5% 的水平上显著为正, 表明在创新风险较低（较高）时, 基于并购的开放式创新对股权激励选择的倾向性将减弱（增强）。然而, *Innov_ Merge* × *Dinovation* 的系数并未如预期, 表明短期创新绩效并未改变基于并购的开放式创新模式下高管股权激励的选择。从结果看, 股权激励的应用范畴仍然是具有高创新风险的领域, 在创新风险比较低的情况下,

企业会降低对股权激励的使用，这与股权激励通过激励高管承担风险而促进创新的逻辑一致。而创新的短期绩效未产生影响的原因可能在于，货币化薪酬更适用于短期激励，而未提升对股权激励的使用倾斜。

表 6 – 5　　　　　　　短期创新绩效与创新风险调节效应检验结果

项目	(1)	(2)
	Dequ	Dequ
Innov_Merge	- 0. 0444 (- 0. 35)	- 0. 0269 (- 0. 21)
Dinovation		0. 0003 (1. 10)
Innov_Merge × Dinovation		0. 0006 (1. 55)
Rin	- 0. 3467 *** (- 3. 66)	
Innov_Merge × Rin	0. 1807 ** (2. 22)	
Size	0. 1755 *** (5. 00)	0. 1689 *** (4. 71)
Lev	- 0. 9065 *** (- 4. 96)	- 0. 8674 *** (- 4. 62)
Age	- 0. 6699 *** (- 5. 65)	- 0. 6413 *** (- 5. 31)
Growth	0. 2967 *** (7. 23)	0. 3234 *** (7. 74)
Top1	- 0. 0769 (- 0. 33)	- 0. 1326 (- 0. 55)
Boardsize	0. 0351 (1. 45)	0. 0405 * (1. 65)

续表

项目	(1)	(2)
	Dequ	*Dequ*
Indepent	2.2197 *** (2.91)	2.2843 *** (2.96)
State	− 1.5865 *** (− 13.82)	− 1.5612 *** (− 13.46)
行业	控制	控制
年度	控制	控制
Constant	− 4.7687 *** (− 5.13)	− 4.7329 *** (− 5.02)
Pseudo R^2	0.1510	0.1484
N	19438	18327

注：括号内为 z 值，＊表示 p＜0.1，＊＊表示 p＜0.05，＊＊＊表示 p＜0.01。

3. 基于并购的开放式创新模式下高管薪酬激励结构

以是否被授予股权激励 *Dequ* 为分组变量，检验基于并购的开放式创新模式下股权激励与货币化高管薪酬契约之间的关系，如果在受股权激励组（*Dequ*＝1 组）中，自变量系数显著性水平更低，则表明在基于并购的开放式创新模式下，对于股权激励和薪酬激励的选择上存在替代效应。

（1）基于并购的开放式创新下股权激励对货币化薪酬水平的替代效应。表 6－6 是基于并购的开放式创新下股权激励对薪酬水平替代效应的检验结果，从结果看，在受股权激励组（*Dequ*＝1 组）中，自变量系数不显著，而在不受股权激励组（*Dequ*＝0 组）中，自变量系数在 5％ 的水平上显著为正。这一结果表明，在基于并购的开放式创新模式下，采取股权激励能够产生对薪酬水平的替代效应，在基于并购的开放式创新模式下，股权激励与货币化薪酬激励之间存在此消彼长的结构特征。

表 6 - 6　　　基于并购的开放式创新下股权激励对货币化薪酬水平替代效应

项目	（1）	（2）
	$Dequ = 0$	$Dequ = 1$
	$Lnpay$	$Lnpay$
Innov_Merge	0.0488 **	0.0162
	（2.09）	（0.31）
Size	0.3015 ***	0.2863 ***
	（29.75）	（11.78）
Lev	− 0.4930 ***	− 0.2607 **
	（− 9.33）	（− 2.21）
Age	0.1380 ***	0.0063
	（3.82）	（0.09）
Growth	− 0.0153	− 0.0588
	（− 1.43）	（− 1.61）
Top1	− 0.1789 ***	0.0429
	（− 2.58）	（0.32）
Boardsize	0.0180 ***	0.0196
	（2.78）	（1.34）
Indepent	− 0.2785	0.0014
	（− 1.59）	（0.00）
State	− 0.1154 ***	0.0516
	（− 4.97）	（0.80）
行业	控制	控制
年度	控制	控制
Constant	7.1281 ***	7.6110 ***
	（28.83）	（14.24）
R^2_adj	0.3316	0.3547
N	17863	1599

注：括号内为 t 值，** 表示 p < 0.05，*** 表示 p < 0.01。

（2）基于并购的开放式创新下股权激励对薪酬业绩敏感性的替代效应。表6－7是基于并购的开放式创新下股权激励对薪酬业绩敏感性替代效应的检验结果，从结果看，在受股权激励组（$Dequ = 1$组）中，交乘项 $Innov\_Merge \times Roa$ 系数不显著，而在不受股权激励组（$Dequ = 0$组）中，交乘项 $Innov\_Merge \times Roa$ 系数在5%的水平上显著为正。这一结果表明，在基于开放式创新模式下，采取股权激励同样能够产生对薪酬业绩敏感性的替代效应。

表6－7　　基于并购的开放式创新下股权激励对薪酬业绩敏感性替代效应

项目	(1)	(2)
	$Dequ = 0$	$Dequ = 1$
	Lnpay	Lnpay
Innov_Merge	－ 0. 0173 （ － 0. 53）	0. 0633 （0. 70）
Roa	1. 4092 *** （4. 70）	2. 9314 *** （6. 51）
Innov_Merge × Roa	1. 2875 ** （2. 35）	－ 0. 9766 （ － 0. 85）
Size	0. 2825 *** （27. 59）	0. 2674 *** （11. 36）
Lev	－ 0. 2974 *** （ － 4. 82）	0. 0318 （0. 26）
Age	0. 1313 *** （3. 69）	0. 0274 （0. 42）
Growth	－ 0. 0459 *** （ － 3. 91）	－ 0. 0884 ** （ － 2. 41）
Top1	－ 0. 2310 *** （ － 3. 36）	－ 0. 0230 （ － 0. 18）
Boardsize	0. 0176 *** （2. 75）	0. 0177 （1. 24）

项目	（1）	（2）
	$Dequ = 0$	$Dequ = 1$
	$Lnpay$	$Lnpay$
$Indepent$	-0.2313	-0.0474
	(-1.34)	(-0.14)
$State$	-0.1054^{***}	0.0634
	(-4.59)	(1.04)
行业	控制	控制
年度	控制	控制
$Constant$	7.7318^{***}	8.2297^{***}
	(30.04)	(15.39)
R^2_adj	0.3486	0.3858
N	17863	1599

注：括号内为 t 值，$**$ 表示 $p < 0.05$，$***$ 表示 $p < 0.01$。

（3）基于并购的开放式创新下股权激励对薪酬差距的替代效应。表 6－8 是基于并购的开放式创新下股权激励对高管－员工垂直薪酬差距替代效应的检验结果，从结果看，在受股权激励组（$Dequ = 1$ 组）中，自变量系数不显著，而在不受股权激励组（$Dequ = 0$ 组）中，自变量系数在 5% 的水平上显著为正。这一结果表明，在基于开放式创新模式下，采取股权激励同样能够产生对薪酬差距的替代效应。

表 6－8　　基于并购的开放式创新下股权激励对薪酬差距替代效应

项目	（1）	（2）	（3）	（4）
	$Dequ = 0$	$Dequ = 1$	$Dequ = 0$	$Dequ = 1$
	$Fpg1$	$Fpg1$	$Fpg2$	$Fpg2$
$Innov\_Merge$	0.2132^{*}	0.2451	0.0399^{*}	0.0810
	(1.87)	(1.13)	(1.76)	(1.63)
$Size$	0.9502^{***}	1.0752^{***}	0.2052^{***}	0.2129^{***}
	(16.17)	(7.62)	(19.68)	(9.19)

续表

项目	（1） Dequ = 0 Fpg1	（2） Dequ = 1 Fpg1	（3） Dequ = 0 Fpg2	（4） Dequ = 1 Fpg2
Lev	- 0. 6735 *** （ - 3. 32）	- 0. 5722 （ - 1. 04）	- 0. 1355 *** （ - 2. 86）	- 0. 0194 （ - 0. 18）
Age	0. 5276 *** （3. 28）	0. 2683 （0. 81）	0. 0823 ** （2. 38）	0. 0143 （0. 23）
Growth	0. 0824 * （1. 73）	0. 1523 （0. 92）	0. 0203 * （1. 89）	0. 0163 （0. 51）
Top1	- 1. 6606 *** （ - 5. 25）	0. 0762 （0. 12）	- 0. 3768 *** （ - 5. 73）	0. 0116 （0. 10）
Boardsize	- 0. 0216 （ - 0. 73）	0. 0340 （0. 49）	- 0. 0091 （ - 1. 44）	- 0. 0037 （ - 0. 27）
Indepent	1. 5117 * （1. 96）	2. 9231 * （1. 72）	0. 3854 ** （2. 36）	0. 5555 * （1. 77）
State	- 1. 0136 *** （ - 9. 71）	- 0. 7329 ** （ - 2. 15）	- 0. 2455 *** （ - 11. 15）	- 0. 1558 *** （ - 2. 60）
行业	控制	控制	控制	控制
年度	控制	控制	控制	控制
Constant	- 16. 4791 *** （ - 12. 11）	- 19. 6486 *** （ - 5. 95）	- 3. 1909 *** （ - 12. 89）	- 3. 3082 *** （ - 6. 30）
R^2_adj	0. 1848	0. 2711	0. 1875	0. 2441
N	16473	1564	16473	1564

注：括号内为 t 值，＊表示 p ＜ 0.1，＊＊表示 p ＜ 0.05，＊＊＊表示 p ＜ 0.01。

6.4.4　稳健性检验

1. 内生性处理

考虑股权激励也可能产生对基于并购的开放式创新的影响，本章也同样借助于《关于加快推进重点行业企业兼并重组的指导意见》外生政策事件所形成的准自然实验，以高管 – 员工垂直薪酬差距为因变量，采用双重差分模型进行检验。主要检验结果如表 6 – 9 所示，$Post \times Treat$ 交乘项显著为正，一定程度上表明考虑内生性问题后，本章关于基于并购的开放式创新影响股权激励的理论假说依然成立。

表 6 – 9   内生性检验结果

项目	Dequ
Post	0. 5998 ***
	(5. 24)
Treat	− 1. 0293 ***
	(− 3. 78)
Post × Treat	0. 4009 *
	(1. 85)
Size	0. 1865 ***
	(5. 32)
Lev	− 0. 5495 ***
	(− 2. 96)
Age	− 0. 6393 ***
	(− 5. 50)
Growth	0. 3073 ***
	(7. 47)
Top1	0. 0397
	(0. 18)
Boardsize	0. 0201
	(0. 85)
Indepent	1. 4157 *
	(1. 92)
State	− 1. 8663 ***
	(− 14. 74)
Pseudo R^2	0. 1343
N	19429

注：括号内为 z 值，* 表示 p < 0.1，** 表示 p < 0.05，*** 表示 p < 0.01。

2. 其他稳健性检验

本部分稳健性检验方法与前面两章节实证检验的方法相同：

一是采用倾向评分匹配的方法，对样本处理后进行再回归，以消除可能存在的选择性偏误的影响。

二是仅保留发生并购的企业样本进行回归，以降低基于并购的开放式创新与激励之间的互为因果的内生性问题。

三是增加控制变量，借鉴肖星和陈婵（2013）关于上市公司股权激励计划选择意愿决定机制的研究，在模型中补充增加三个控制变量：公司业绩（Roa）、市场发育程度指数（Gov_index）（即为本书所用市场化指数）、两职合一（$CEOChair$）。

主检验所涉及模型与回归较多，此处未列示稳健性检验的全部回归结果，从检验结果看能够支持本章的主要研究假设。

6.5　进一步检验

进一步检验部分将从股权激励结构设计与股权激励有效期设计两个方面，探讨基于并购的开放式创新对股权激励契约设计的影响，以期为解释基于并购的开放式创新下的激励机制特征提供进一步证据。

6.5.1　基于并购的开放式创新与股权激励结构设计

在上市公司股权激励实践中，股权激励对象主要包括公司高管与核心员工，其中核心员工包括技术骨干等。由于基于并购的开放式创新其所激励的对象更侧重于在并购中起决定性作用的高管。因此，在发生基于并购的开放式创新的上市公司中，股权激励的对象将更侧重于公司的高级管理人员。基于这一考虑，本章设计了高管在股权激励权益中占比的度量变量，以此作为股权激励结构变量。该变量的设计方法为：首先从国泰安（CSMAR）数据库中提取的股权激励方案中包括授予高管与核心技术人员两类股权激励的权益额。将两个权益份额加总，并计算以高管为激励对象的权益额在总权益中的占比（Equ_M），该值越大，表示股权激励中对高管的激励程度越高。

本章选择了进行股权激励的上市公司为样本，以 Equ_M 为因变量，以 $Innov\_Merge$ 为自变量进行回归。预期自变量的系数显著为正，表明采取基于并购的开放式创新的上市公司更倾向于在股权激励中提升对高管的激励。检验结果如表 6 – 10 所示，自变量的系数在 1% 的水平上显著为正，因此该部分的理论预期得到验证。

表 6 – 10　　　　基于并购的开放式创新与股权激励结构检验结果

项目	Equ_M
$Innov\_Merge$	0. 0491 ***
	（2. 87）
$Size$	0. 0292 ***
	（4. 05）
Lev	− 0. 1196 ***
	（− 2. 85）
Age	− 0. 0227
	（− 1. 10）
$Growth$	− 0. 0138
	（− 0. 91）
$Top1$	0. 0498
	（1. 12）
$Boardsize$	− 0. 0001
	（− 0. 01）
$Indepent$	0. 0592
	（0. 49）

续表

项目	Equ_M
State	0.0306 * (1.75)
行业	控制
年度	控制
Constant	0.0907 (0.54)
R^2_adj	0.0916
N	1529

注：括号内为 t 值，＊表示 p＜0.1，＊＊＊表示 p＜0.01。

6.5.2　基于并购的开放式创新与股权激励有效期设计

股权激励的有效期是股权激励方案设计的一个重要因素，基于并购的开放式创新，由于其具有创新绩效产出周期短的特征，因此，要发挥对高管在基于并购的开放式创新中的激励效应，需采取股权激励有效期相对较短的激励方案，以激励高管为基于并购的开放式创新短期效应的提升而付出努力，因此预期采取基于并购的开放式创新的上市公司，其股权激励的有效期将显著缩短。为检验这一观点，本部分选择了进行股权激励的上市公司为样本，以 Innov_Merge 为自变量，以股权激励有效期 Valid 为因变量进行回归。

表 6－11 列（1）结果显示，虽然自变量系数为负数，但并不具有统计上的显著性，这表明基于并购的开放式创新模式下缩短股权激励有效期的特征并不存在于所有采取了基于并购的开放式创新的公司中。进一步，以高管股权激励比重（Equ_M）为分组变量，大于中位数的为 Equ_M 高组，小于或等于中位数的为 Equ_M 低组。从分组检验的结果上来看，列（2）Equ_M 较高组中自变量系数显著为负，而在列（3）

Equ_M 较低的组中，自变量系数并不具有统计上的显著性。这一结果表明，在基于并购的开放式创新模式下，以高管为激励对象的股权激励会明显缩短，缩短股权激励有效期旨在提升高管为基于并购的开放式创新短期绩效的提升而付出努力，而由于其他员工对并购决策的影响较小，所以针对普通员工实施的股权激励计划的目的可能并不在于激励其在开放式创新中的努力，因此是否采取基于并购的开放式创新对于以其他员工为激励对象的股权激励方案的有效期则不会产生影响。

表 6 – 11 　　　　基于并购的开放式创新与股权激励有效期检验结果

项目	（1） 全样本 *Valid*	（2） *Equ_M* 高 *Valid*	（3） *Equ_M* 低 *Valid*
Innov_Merge	– 0. 0674 （ – 0. 92）	– 0. 1753 * （ – 1. 86）	0. 0974 （1. 00）
Size	0. 1335 *** （3. 06）	0. 1472 ** （2. 43）	0. 1020 * （1. 95）
Lev	– 0. 5585 *** （ – 2. 63）	– 0. 4647 （ – 1. 42）	– 0. 6552 *** （ – 2. 60）
Age	– 0. 1732 （ – 1. 59）	– 0. 2382 （ – 1. 54）	– 0. 0613 （ – 0. 49）
Growth	– 0. 0556 （ – 1. 21）	0. 0222 （0. 28）	– 0. 0971 * （ – 1. 73）
*Top*1	0. 3568 * （1. 76）	0. 1305 （0. 52）	0. 5641 * （1. 83）
Boardsize	– 0. 0004 （ – 0. 01）	– 0. 0029 （ – 0. 09）	0. 0089 （0. 22）
Indepent	0. 6681 （1. 04）	0. 7549 （0. 91）	0. 4493 （0. 50）
State	1. 2645 *** （7. 27）	1. 2614 *** （5. 77）	1. 2577 *** （4. 99）

项目	（1）	（2）	（3）
	全样本	Equ_M 高	Equ_M 低
	Valid	Valid	Valid
行业	控制	控制	控制
年度	控制	控制	控制
Constant	2.1910 ** （2.33）	1.2536 （1.01）	2.6667 ** （1.99）
R^2_adj	0.2346	0.3003	0.2109
N	1568	754	814

注：括号内为 t 值，＊表示 $p < 0.1$，＊＊表示 $p < 0.05$，＊＊＊表示 $p < 0.01$。

6.6　本章小结

本章分析并检验了基于并购的开放式创新下股权激励方案的决定机理，以及股权激励对薪酬激励的替代效应。研究发现，采用基于并购的开放式创新的上市公司，会提升股权激励的倾向性，但是在创新风险较高时，基于并购的开放式创新对股权激励选择的倾向性将增强。基于并购的开放式创新模式下，股权激励对薪酬激励具有替代作用，当采取股权激励时，基于并购的开放式创新对高管薪酬水平与薪酬差距均有抑制作用。进一步研究发现，采取基于并购的开放式创新的上市公司，在高管与核心技术人员之间股权激励对象的选择上，更倾向于激励公司高管，而且在向高管授予股权激励比重较高的样本中，股权激励有效期会显著缩短。上述研究结果表明，基于并购的开放式创新会影响上市公司股权激励的倾向性与激励方案设计，激励主体和激励周期与基于并购的开放式创新模式的特征相吻合。

本部分的实践启示为：股权激励与薪酬激励在不同创新模式下适用性存在差异，在企业创新激励机制设计中，创新风险与激励层级是需要考虑的核心因素。一方面应根据对提升高管风险承担水平与降低代理动机的权衡，合理配置股权激励与货币化薪酬激励。股权激励适用于创新风险高的情形，而薪酬激励则适用于创新目标明确的情形。另一方面股权激励对象同样应根据创新所依赖的主体进行确定。对于基于并购的开放式创新而言，股权激励应侧重于向负责并购决策的高管倾斜，这并不同于自建式创新模式下以研发人员为主要激励对象的股权激励方式。

第 7 章

研究结论与政策建议

7.1　研究结论

本书分析了在外部资源内部化的创新范式下，基于并购的开放式创新成果不确定性降低与创新成果形成周期缩短以及创新主体贡献在职位体系中向上移动的现实特征，并由此决定了基于并购的开放式创新模式下激励政策向高管倾斜且注重短期激励的基本特征；发现了采取基于并购的开放式创新的上市公司会提升高管薪酬水平、扩大高管－员工薪酬差距、向高管倾斜股权激励的证据，形成了对基于并购的开放式创新模式下以公司高管为重点激励对象，并向高管倾斜薪酬激励政策的理论认识；还发现了采用基于并购的开放式创新的上市公司会提升高管薪酬业绩敏感性，以及股权激励的有效期会明显缩短的经验证据，形成了在创新风险缓解效应与短周期效应下基于并购的开放式创新激励机制以与业务联动更紧密、激励作用周期更短为主要特征的薪酬契约优化机制。

本研究的具体结论如下：

首先，基于并购的开放式创新作为一种风险低、周期短的创新模式，使高管努力更容易通过业绩体现，因此更适合采取业绩薪酬对高管进行激励；同时，基于并购的开放式创新对高管才能与努力程度具有更高要求，所以应支付更高水平的薪酬溢价。具体而言，通过分析检验基于并购的开放式创新对高管薪酬水平与薪酬业绩敏感性的影响发现，采取基于并购的开放式创新的公司，高管薪酬水平与薪酬业绩敏感性会显著更高，这与已有研究从自建式创新视角发现的低薪酬业绩敏感性的薪酬激励机制存在明显不同。进一步，采用基于并购的开放式创新能够显著降低公司的创新风险、提升创新产出，突出体现了基于并购的开放式创新与自建式创新之间的特征差异。创新风险的降低与短期创新产出水平的提升在基于并购的开放式创新对高管薪酬水平与薪酬业绩敏感性的影响中起到中介作用；基于并购的开放式创新影响高管薪酬契约的效应会受到企业产权性质的影响，基于并购的开放式创新提升高管薪酬水平的效应在国有企业中更明显，而提升薪酬业绩敏感性的效应在民营企业中更明显；当上市公司处于市场化水平高的区域时，采用基于并购的开放式创新对高管薪酬水平与薪酬业绩敏感性的影响更显著。

其次，基于并购的开放式创新的成功更决定于高管的努力，因此将致使激励主体在职位体系上移，从而将形成更大的薪酬差距；但是权力等隐性激励的获得能够降低基于并购的开放式创新拉大薪酬差距的作用。通过分析并检验基于并购的开放式创新对高管–员工垂直薪酬差距的影响发现，在采取了基于并购的开放式创新的上市公司中，高管与员工间的纵向薪酬差距更大；在总经理不兼任董事长的分权式权力配置模式的低隐性激励模式下，采取基于并购的开放式创新对高管与员工间薪酬差距的影响更明显。进一步研究发现，控股股东的监督效应对高管权力的抑制降低了对高管的隐性激励，从而为激励高管为基于并购的开放式创新付出更多努力，需要提高与员工之间的垂直薪酬差距水平。

最后，基于并购的开放式创新不仅影响货币性薪酬激励，而且也会提升对高管进行股权激励的倾向性，并且股权激励同样存在向高管倾斜的特征。通过分析并检验基于并购的开放式创新对股权激励的影响，采用基于并购的开放式创新的上市公司，同样会提升股权激励的倾向性，并且在创新风险较高的情况下，基于并购的开放式创新对股权激励选择倾向性的影响增强。进一步研究发现，采取基于并购的开放式创新的上市公司，在高管与核心技术人员之间股权激励对象的选择上，更倾向于激励公司高管，而且在向高管授予股权激励比重较高的样本中，股权激励有效期会显著缩短。这些证据表明，在基于并购的开放式创新模式下，股权激励并不以激励高管承担风险为目标，而主要是为发挥短期激励效应，这与基于并购的开放式创新在创新风险、创新周期以及创新主体等方面的特征是相匹配的。将股权激励与货币性薪酬激励置于同一分析框架中进一步研究发现，基于并购的开放式创新模式下，股权激励对薪酬激励具有替代作用，当采取股权激励时，基于并购的开放式创新提升高管薪酬水平和扩大高管－员工薪酬差距的作用会减弱，这表明在基于并购的开放式创新模式下，存在着货币化薪酬激励与股权激励之间此长彼消的薪酬激励结构特征。

7.2　政策建议

第一，企业制定创新激励机制应基于开放式创新与自建式创新投资对激励契约制定与激励效果影响的差异，制定差异化的激励机制。一方面，上市公司在建立创新激励机制时，应基于企业创新投资模式特征制定差异化的高管薪酬契约。在基于并购的开放式创新模式下，应考虑创新绩效形成周期及创新风险与自建式创新投资之间的差异，通过采取业绩薪酬的方式提升薪酬与业绩之间的敏感性，以激励高管提升开放式创新绩效。避免照搬自建式创新投资模式所采取的低业绩薪酬的激励机制，放大基于并购的开放式创新的创新风险与创新成果的形成周期，从而降低薪酬契约的激励效果。

第二，企业制定创新激励机制应考虑创新成果产出与高管及员工努力之间的关系。创新激励措施根据努力的依赖方确定激励措施的倾斜方向，提升激励的公平性与激励效果。企业设计创新激励机制时，应根据创新主体的分工与贡献进行分层化激励机制设计，尤其应考虑基于并购的开放式创新其贡献主体在组织层级中上移的现象，并有侧重地设计薪酬差异机制，通过为高管增加货币化薪酬水平或授予股票期权等方式提升对公司高管的激励程度。当企业采取基于并购的开放式创新时，应根据高管努力程度决定性作用的提升，在纵向薪酬机制设计中向在并购决策中起核心作用的高管倾斜。

第三，创新激励机制应根据不同模式下创新机制与特征差异，组合运用不同类型的激励手段。一方面，在制定面向公司高管的创新激励机制时，应考虑晋升、权力配置等对高管的激励效应，权衡隐性与显性激励的综合激励效应，避免激励过度而增加激励成本、降低激励效果。尤其是在创新型国有企业中，激励机制的设计应将薪酬激励与晋升机制等统筹考虑，对于执行限薪令的国有企业在进行开放式创新时，应设计替代性激励机制。另一方面，股权激励与薪酬激励在不同创新模式下适用性存在差异，根据对提升高管风险承担水平与降低代理动机的权衡，合理配置股权激励与薪酬激励。

第四，企业应根据不同模式的创新激励机制差异，构建与之相适应的高管绩效考核评价机制。自建式创新与基于并购的开放式创新在创新成果产出、创新主体、创新绩效形成机制方面存在差异。在建立考核机制时，应进行差异化设计。对自建式创新投资的考核应侧重于长期创新绩效，对开放式创新投资绩效的考核应注重对并购决策效率以及并购整合后短期创新产出的考核；并且高管对基于并购的开放式创新投资的贡献要高于对自建式创新投资的贡献，所以应强化对基于并购的开放式创新投资绩效的考核权重。

7.3 研究展望

第一，基于并购的开放式创新对创新资源的整合效应有待探讨。本书虽然在扩展检验或机制检验中对基于并购的开放式创新影响创新投入与创新产出的效果进行了检验，发现了基于并购的开放式创新能够显著促进短期创新产出，并能够对自建式创新投入产生引致效应；但是，本书尚未对基于并购的开放式创新对企业创新资源的整合机制及其对企业后续创新产出的影响机制进行充分探讨。在未来研究中有待探讨基于开放式创新的创新资源整合效应，并揭示基于并购的开放式创新激励机制在创新资源整合环节的作用机理。

第二，基于并购的开放式创新模式下的股权激励模式机制设计有待进一步深入探讨。由于本书主要以高管薪酬决定机制为研究对象，所以并未对基于并购的开放式创新模式下股权激励设计的具体决定机制做具体的分析。相较薪酬激励机制，股权激励机制有着显著的特殊性，如何根据基于并购的开放式创新的特征，选择股权激励对象、确定股票期权的形式、设置合理行权期限等问题，尚有待深入探讨。

第三，基于国际视野探讨以基于并购的开放式创新为基础促进科技开放合作的机制与实施模式。国家"十四五"规划明确提出，要"实施更加开放包容、互惠共享的国际科技合作战略，更加主动融入全球创新网络"。基于并购的开放式创新为创新的合作开放提供了机制支持，为构建国际创新合作机制提供了新的途径。而如何以跨国技术并购等方式建立开放式国际创新合作机制是未来有待探讨的问题，对于提升我国国际创新资源获取能力具有重要的实践意义。

参 考 文 献

[1] 步丹璐，张晨宇，林腾．晋升预期降低了国有企业薪酬差距吗？[J]．会计研究，2017（1）：82－88．

[2] 蔡贵龙，柳建华，马新啸．非国有股东治理与国企高管薪酬激励 [J]．管理世界，2018（5）：137－149．

[3] 蔡庆丰，陈熠辉，吴杰．家族企业二代的成长经历影响并购行为吗——基于我国上市家族企业的发现 [J]．南开管理评论，2019，22（1）：139－150．

[4] 曾宪聚，陈霖，严江兵，杨海滨．高管从军经历对并购溢价的影响：烙印——环境匹配的视角 [J]．外国经济与管理，2020，42（9）：94－106．

[5] 陈爱贞，刘志彪．以并购促进创新：基于全球价值链的中国产业困境突破 [J]．学术月刊，2016，48（12）：63－74．

[6] 陈爱贞，张鹏飞．并购模式与企业创新 [J]．中国工业经济，2019（12）：115－133．

[7] 陈冬华，陈信元，万华林．国有企业中的薪酬管制与在职消费 [J]．经济研究，2005（2）：92－101．

[8] 陈华东．管理者任期、股权激励与企业创新研究 [J]．中国软科学，2016（8）：112－126．

[9] 陈家田．国外上市公司高管社会资本对其薪酬的影响效应研究述评 [J]．管理评论，2012（10）：102－108．

[10] 陈胜蓝，卢锐．股权分置改革、盈余管理与高管薪酬业绩敏

感性 [J]. 金融研究, 2012 (10): 180-192.

[11] 陈胜蓝, 马慧. 卖空压力与公司并购——来自卖空管制放松的准自然实验证据 [J]. 管理世界, 2017 (7): 142-156.

[12] 陈文强. 股权激励、契约异质性与企业绩效的动态增长 [J]. 经济管理, 2018 (5): 175-192.

[13] 陈效东. 谁才是企业创新的真正主体: 高管人员还是核心员工 [J]. 财贸经济, 2017 (12): 127-144.

[14] 陈玉罡, 蔡海彬, 刘子健. 外资并购促进了科技创新吗? [J]. 会计研究, 2015 (9): 68-73.

[15] 代明, 殷仪金, 戴谢尔. 创新理论: 1912—2012——纪念熊彼特《经济发展理论》首版 100 周年 [J]. 经济学动态, 2012 (4): 143-150.

[16] 杜兴强, 王丽华. 高层管理当局薪酬与上市公司业绩的相关性实证研究 [J]. 会计研究, 2007 (1): 58-65.

[17] 冯璐, 张泠然, 段志明. 混合所有制改革下的非国有股东治理与国企创新 [J]. 中国软科学, 2021 (3): 124-140.

[18] 海本禄, 杨君笑, 尹西明. 外源融资如何影响企业技术创新——基于融资约束和技术密集度视角 [J]. 中国软科学, 2021 (3): 183-192.

[19] 韩宝山. 技术并购与创新: 文献综述及研究展望 [J]. 经济管理. 2017 (9): 195-208.

[20] 胡刘芬. CEO 的职位风险能获得相应的薪酬补偿吗? ——基于中国 A 股上市公司的经验证据 [J]. 审计与经济研究, 2017 (1): 80-89.

[21] 黄雯, 杨柳青. 管理者代理动机与并购绩效: 246 起国有上市公司并购样本 [J]. 改革, 2018 (9): 115-125.

[22] 江伟, 吴静桦, 胡玉明. 高管-员工薪酬差距与企业创新——基于中国上市公司的经验研究 [J]. 山西财经大学学报, 2018, 40 (6):

74 - 88.

[23] 江伟，刘丹，李雯．薪酬委员会特征与高管薪酬契约——基于中国上市公司的经验研究 [J]．会计与经济研究，2013 (3)：3 - 17.

[24] 江伟，姚文韬．企业创新与高管薪酬 - 业绩敏感性——基于国有上市公司的经验研究 [J]．经济管理，2015 (5)：63 - 73.

[25] 姜付秀，朱冰，王运通．国有企业的经理激励契约更不看重绩效吗？[J]．管理世界，2014 (9)：143 - 159.

[26] 解维敏．业绩薪酬对企业创新影响的实证研究 [J]．财贸经济，2018 (9)：141 - 156.

[27] 孔东民，徐茗丽，孔高文．企业内部薪酬差距与创新 [J]．经济研究，2017 (10)：144 - 157.

[28] 雷光勇，李帆，金鑫．股权分置改革、经理薪酬与会计业绩敏感度 [J]．中国会计评论，2010 (1)：17 - 30.

[29] 李丹蒙，万华林．股权激励契约特征与企业创新 [J]．经济管理，2017 (10)：156 - 172.

[30] 李凤羽，秦利宾，史永东．稳中求进：实际控制人超额委派董事能促进企业创新吗 [J]．财贸经济，2021，42 (3)：96 - 110.

[31] 李梅，余天骄．东道国制度环境与海外并购企业的创新绩效 [J]．中国软科学，2016 (11)：137 - 151.

[32] 李善民，毛雅娟，赵晶晶．高管持股、高管的私有收益与公司的并购行为 [J]．管理科学，2009 (6)：2 - 12.

[33] 李四海，江新峰，刘星河．跨体制社会资本与高管薪酬契约 [J]．经济管理，2017 (2)：100 - 116.

[34] 李文涛，李智宇，郑天宇，王成龙．高管薪酬差距与研发投入 [J]．会计论坛，2018，17 (2)：57 - 72.

[35] 李宇，马征远．大企业内部创业"裂生式"与"创生式"战略路径——基于海尔和思科的双案例研究 [J]．中国工业经济，2020 (11)：99 - 117.

[36] 林浚清, 黄祖辉, 孙永祥. 高管团队内薪酬差距, 公司绩效和治理结构 [J]. 经济研究, 2003 (4): 31 – 40.

[37] 刘宝华, 王雷. 业绩型股权激励、行权限制与企业创新 [J]. 南开管理评论, 2018 (1): 17 – 27.

[38] 刘芳, 王浩. 创业人力资源管理研究前沿探析与未来展望 [J]. 外国经济与管理, 2011 (3): 27 – 34.

[39] 刘慧龙. 控制链长度与公司高管薪酬契约 [J]. 管理世界, 2017 (3): 95 – 112.

[40] 柳光强, 孔高文. 高管海外经历是否提升了薪酬差距 [J]. 管理世界, 2018, 34 (8): 130 – 142.

[41] 卢锐. 企业创新投资与高管薪酬业绩敏感性 [J]. 会计研究, 2014 (10): 36 – 42.

[42] 卢煜, 曲晓辉. 商誉减值与高管薪酬——来自中国 A 股市场的经验证据 [J]. 当代会计评论, 2016 (1): 70 – 88.

[43] 逯东, 余渡, 黄丹, 杨仁眉. 内部培养与外部空降: 谁更能促进企业创新 [J]. 中国工业经济, 2020 (10): 157 – 174.

[44] 吕长江, 张海平. 股权激励计划对公司投资行为的影响 [J]. 管理世界, 2011 (11): 118 – 126.

[45] 吕长江, 赵宇恒. 国有企业管理者激励效应研究——基于管理者权力的解释 [J]. 管理世界, 2008 (11): 99 – 109.

[46] 毛雅娟, 米运生. 制度环境、公司并购与薪酬操纵——基于薪酬—绩效敏感性及粘性的考察 [J]. 金融经济学研究, 2016 (1): 72 – 84.

[47] 梅春, 赵晓菊, 颜海明, 程飞. 行业锦标赛激励与企业创新产出 [J]. 外国经济与管理, 2019 (7): 25 – 41.

[48] 牛建波, 李胜楠, 杨育龙, 董晨悄. 高管薪酬差距、治理模式和企业创新 [J]. 管理科学, 2019, 32 (2): 77 – 93.

[49] 潘爱玲, 吴倩, 李京伟. 高管薪酬外部公平性、机构投资者与

并购溢价 [J]. 南开管理评论, 2021, 24 (1): 39 - 49.

[50] 潘红波, 张哲. 控股股东干预与国有上市公司薪酬契约有效性: 来自董事长/CEO 纵向兼任的经验证据 [J]. 会计研究, 2019 (5): 59 - 66.

[51] 孙林杰, 康荣, 王静静. 开放式创新视域下民营企业技术能力的发展演进 [J]. 科学学研究, 2016 (2): 253 - 259.

[52] 谭洪涛, 袁晓星, 杨小娟. 股权激励促进了企业创新吗？——来自中国上市公司的经验证据 [J]. 研究与发展管理, 2016 (2): 1 - 11.

[53] 唐兵, 田留文, 曹锦周. 企业并购如何创造价值——基于东航和上航并购重组案例研究 [J]. 管理世界, 2012 (11): 1 - 8.

[54] 唐清泉, 巫岑. 基于协同效应的企业内外部 R&D 与创新绩效研究 [J]. 管理科学, 2014 (5): 12 - 23.

[55] 唐松, 孙铮. 政治关联、高管薪酬与企业未来经营绩效 [J]. 管理世界, 2014 (5): 93 - 105, 187.

[56] 田轩, 孟清扬. 股权激励计划能促进企业创新吗 [J]. 南开管理评论, 2018, 21 (3): 176 - 190.

[57] 王红芳, 杨俊青, 李野. 薪酬水平与工作满意度的曲线机制研究 [J]. 经济管理, 2019 (7): 105 - 120.

[58] 王珏玮, 唐建新, 孔墨奇. 公司并购、盈余管理与高管薪酬变动 [J]. 会计研究, 2016 (5): 56 - 62.

[59] 王克敏, 王志超. 高管控制权、报酬与盈余管理——基于中国上市公司的实证研究 [J]. 管理世界, 2007 (7): 111 - 119.

[60] 王姝勋, 董艳. 期权激励与企业并购行为 [J]. 金融研究, 2020 (3): 169 - 188.

[61] 王宛秋, 马红君. 技术并购主体特征、研发投入与并购创新绩效 [J]. 科学学研究, 2016 (8): 1203 - 1210.

[62] 王小琴, 卿向阳. 基于信息非对称条件下的核心技术员工激

励研究 [J]. 管理学报，2007，4（3）：326.

[63] 王新，李彦霖，李方舒. 企业社会责任与经理人薪酬激励有效性研究——战略性动机还是卸责借口？[J]. 会计研究，2015（10）：51－58.

[64] 王雄元，何捷，彭旋，王鹏. 权力型国有企业高管支付了更高的职工薪酬吗？[J]. 会计研究，2014（1）：49－56.

[65] 王艳. 混合所有制并购与创新驱动发展——广东省地方国企"瀚蓝环境"2001～2015 年纵向案例研究 [J]. 管理世界，2016（8）：150－163.

[66] 王玉泽，罗能生，刘文彬. 什么样的杠杆率有利于企业创新 [J]. 中国工业经济，2019（3）：138－155.

[67] 王志强，张玮婷，顾劲尔. 资本结构、管理层防御与上市公司高管薪酬水平 [J]. 会计研究，2011（2）：72－78.

[68] 魏刚. 高级管理层激励与上市公司经营绩效 [J]. 经济研究，2000，3（12），32－39.

[69] 温忠麟，叶宝娟. 中介效应分析：方法和模型发展 [J]. 心理科学进展，2014，22（5）：731－745.

[70] 吴昊旻，墨沈微，孟庆玺. 公司战略可以解释高管与员工的薪酬差距吗？[J]. 管理科学学报，2018，21（9）：105－117.

[71] 吴先明，苏志文. 将跨国并购作为技术追赶的杠杆：动态能力视角 [J]. 管理世界，2014（4）：146－164.

[72] 吴先明，张雨. 海外并购提升了产业技术创新绩效吗——制度距离的双重调节作用 [J]. 南开管理评论，2019，22（1）：4－16.

[73] 吴映玉，陈松. 新兴市场企业的技术追赶战略——海外并购和高管海外经历的作用 [J]. 科学学研究，2017（9）：1378－1385.

[74] 冼国明，明秀南. 海外并购与企业创新 [J]. 金融研究，2018（8）：155－171.

[75] 肖明，李海涛. 管理层能力对企业并购的影响研究 [J]. 管

世界，2017（6）：184－185.

[76] 肖星，陈婵.激励水平、约束机制与上市公司股权激励计划[J].南开管理评论，2013（1）：24－32.

[77] 谢获宝，惠丽丽.成本粘性、公司治理与高管薪酬业绩敏感性——基于企业风险视角的经验证据[J].管理评论，2017（3）：110－125.

[78] 辛清泉，谭伟强.市场化改革、企业业绩与国有企业经理薪酬[J].经济研究，2009（11）：68－81.

[79] 徐慧琳，杨望，王振山.开放式创新与企业创新——基于中国沪深A股上市公司跨国并购的经验研究[J].国际金融研究，2019（11）：86－96.

[80] 徐经长，何乐伟，杨俊华.创新是公司并购的驱动因素吗——来自中国上市公司的经验证据[J].会计研究，2020（12）：29－42.

[81] 徐经长，乔菲，张东旭.限薪令与企业创新：一项准自然实验[J].管理科学，2019，32（2）：120－134.

[82] 徐向艺，陆淑婧，方政.高管显性激励与代理成本关系研究述评与未来展望[J].外国经济与管理，2016（1）：101－112.

[83] 许婷，杨建君.股权激励、高管创新动力与创新能力——企业文化的调节作用[J].经济管理，2017（4）：51－64.

[84] 薛爽，唐丰收.风险投资、产权性质与上市公司高管薪酬合约[J].中国会计与财务研究，2013，15（4）：67－128.

[85] 晏艳阳，金鹏.委托人公平偏好下国企高管的最优激励组合[J].财经研究，2012（12）：128－139.

[86] 杨婵，贺小刚，朱丽娜，王博霖.垂直薪酬差距与新创企业的创新精神[J].财经研究，2017（7）：32－44.

[87] 杨理强，陈少华，陈爱华.内部资本市场提升企业创新能力了吗？——作用机理与路径分析[J].经济管理，2019，41（4）：175－192.

[88] 杨瑞龙，王元，聂辉华."准官员"的晋升机制：来自中国央企的证据 [J]. 管理世界，2013（3）：23-33.

[89] 杨震宁，赵红，刘昕颖. 技术战略联盟的驱动力、合作优化与联盟稳定 [J]. 科学学研究，2018（4）：691-700.

[90] 姚晓林，刘淑莲，李井林. CEO 股权激励能够为收购公司股东创造价值吗？——基于环境不确定性和大股东控制权性质双重视角 [J]. 中国注册会计师，2017（7）：39-45.

[91] 易锐，夏清华. 开放式创新有助于改善新创企业脆弱性吗？[J]. 科学学研究，2018（6）：1096-1109.

[92] 游志郎，余耀东，韩小明. 银行高管薪酬的权力诱因与风险后果研究 [J]. 外国经济与管理，2017（4）：41-51.

[93] 于开乐，王铁民. 基于并购的开放式创新对企业自主创新的影响——南汽并购罗孚经验及一般启示 [J]. 管理世界，2008（4）：150-159，166.

[94] 张峰. 开放式创新实证研究述评与未来展望 [J]. 外国经济与管理，2012（5）：52-58.

[95] 张列柯，张倩，刘斌. 会计信息可比性影响高管薪酬契约的有效性吗？[J]. 中国软科学，2019（2）：110-127.

[96] 张鸣，郭思永. 高管薪酬利益驱动下的企业并购——来自中国上市公司的经验证据 [J]. 财经研究，2007，33（12）：103-113.

[97] 张学勇，柳依依，罗丹. 创新能力对上市公司并购业绩的影响 [J]. 金融研究，2018，441（3）：159-175.

[98] 张正堂. 高层管理团队协作需要，薪酬差距和企业绩效：竞赛理论的视角 [J]. 南开管理评论，2007（2）：4-11.

[99] 赵凤，王铁男，王宇. 开放式创新中的外部技术获取与产品多元化：动态能力的调节作用研究 [J]. 管理评论，2016（6）：76-85.

[100] 赵世芳，江旭，应千伟，霍达. 股权激励能抑制高管的急功近利倾向吗——基于企业创新的视角 [J]. 南开管理评论，2020，23

（6）：76 – 87.

［101］赵妍，赵立彬. 晋升激励影响并购价值创造吗？——来自国有控股企业的经验证据［J］. 经济经纬，2018，35（2）：158 – 164.

［102］周冬华，黄佳，赵玉洁. 员工持股计划与企业创新［J］. 会计研究，2019（3）：63 – 70.

［103］周静，辛清泉. 金字塔层级降低了国有企业的政治成本吗？——基于经理激励视角的研究［J］. 财经研究，2017（1）：29 – 40.

［104］周泽将，马静，胡刘芬. 高管薪酬激励体系设计中的风险补偿效应研究［J］. 中国工业经济，2018（12）：152 – 169.

［105］周中胜，贺超，韩燕兰. 高管海外经历与企业并购绩效：基于"海归"高管跨文化整合优势的视角［J］. 会计研究，2020（8）：64 – 76.

［106］朱德胜. 不确定环境下股权激励对企业创新活动的影响［J］. 经济管理，2019，41（2）：55 – 72.

［107］左晶晶，唐跃军. 高管过度激励、所有权性质与企业国际化战略［J］. 财经研究，2011（6）：79 – 89

［108］Adams R B, Almeida H, Ferreira D. Powerful CEOs and their impact on corporate performance［J］. Review of Financial Studies, 2005, 18（4）：1403 – 1432.

［109］Adams J S. Inequity in Social Exchange［M］. Advances in Experimental Social Psychology, in L. Berkowitz（Ed.）, NewYork：Academic Press, 1965.

［110］Aggarwal R K, Samwick A A. Executive compensation, strategic competition, and relative performance evaluation：Theory and evidence［J］. The journal of finance, 1999, 54（6）：1999 – 2043.

［111］Aghion P, Tirole J. The management of innovation［J］. The Quarterly Journal of Economics, 109（4）：1185 – 1209.

［112］ Ahuja G, Katila R. Technological acquisitions and the innovation performance of acquiring firms: A Longitudinal study ［J］. Strategic Management Journal, 2001, 22 (3): 197 – 220.

［113］ Alessandri T M, Pattit J M. Drivers of R&D investment: The interaction of behavioral theory and managerial incentives ［J］. Journal of Business Research, 2014, 67 (2): 151 – 158.

［114］ Alexy O, George G. Category divergence, straddling, and currency: Open innovation and the legitimation of illegitimate categories ［J］. Journal of Management Studies, 2013, 50 (2): 173 – 203.

［115］ Armstrong C S, Ittner C D, Larcker D F. Corporate governance, compensation consultants, and CEO pay levels ［J］. Review of Accounting Studies, 2012, 17 (2): 322 – 351.

［116］ Arora A, Belenzon S, Rios L A. Make, Buy, Organize: The Interplay between Research, External Knowledge, and Firm Structure ［J］. Strategic Management Journal, 2014, 35 (3): 317 – 337.

［117］ Arthaud-Day M L, Certo S T, Dalton C M, Dalton D R. A changing of the guard: Executive and director turnover following corporate financial restatements ［J］. Academy of Management Journal, 2006, 49 (6): 1119 – 1136.

［118］ Baiman S. Agency research in managerial accounting: A survey ［J］. Journal of Accounting Literature, 1982 (1): 154 – 213.

［119］ Baker G P, Hall B J. CEO incentives and firm size ［J］. Journal of Labor Economics, 2004, 22 (4): 767 – 798.

［120］ Balkin D B, Markman G D, Gomez-Mejia L R. Is CEO pay in high-technology firms related to innovation? ［J］. Academy of Management Journal, 2000, 43 (6): 1118 – 1129.

［121］ Balsam S, Miharjo S. The effect of equity compensation on voluntary executive turnover ［J］. Journal of Accounting & Economics, 2007, 43

（1）：95 – 119.

[122] Banker R D, Bu D L, Mehta M N. Pay Gap and Performance in China [J]. Abacus-a Journal of Accounting Finance and Business Studies, 2016, 52 (3): 501 – 531.

[123] Barker V, Mueller G. CEO characteristics and firm R&D spending [J]. Management Science, 2002, 48 (6): 782 – 801.

[124] Bebchuk L A, Fried J M. Executive compensation as an agency problem [J]. Journal of economic perspectives, 2003, 17 (3): 71 – 92.

[125] Bebchuk L A, Fried J M. Pay without performance: Overview of the issues [J]. Academy of Management Perspectives, 2005, 20 (1): 5 – 24.

[126] Bebchuk L A, Fried J M, Walker D I. Managerial power and rent extraction in the design of executive compensation [J]. The University of Chicago Law Review, 2002, 69 (3): 751 – 846.

[127] Belloc F. Corporate governance and innovation: A survey [J]. Journal of Economic Surveys, 2012, 26 (5): 835 – 864.

[128] Bena J, Li K. Corporate Innovations and Mergers and Acquisitions [J]. Journal of Finance, 2014, 69 (5): 1923 – 1960.

[129] Bertrand M, Mullainathan S. Are CEOs rewarded for luck? The ones without principals are [J]. The Quarterly Journal of Economics, 2001, 116 (3): 901 – 932.

[130] Biggerstaff L, Blank B, Goldie B. Do incentives work? Option-based compensation and corporate innovation [J]. Journal of Corporate Finance, 2019 (58): 415 – 430.

[131] Bodolica V, Spraggon M. The implementation of special attributes of CEO compensation contracts around M&A transactions [J]. Strategic Management Journal, 2009, 30 (9): 985 – 1011.

[132] Brown S L, Eisenhardt K M. The art of continuous change:

Linking complexity theory and time-paced evolution in relentlessly shifting organizations [J]. Administrative Science Quarterly, 1997: 1 – 34.

[133] Brown A B, Davis-Friday P Y, Guler L, Marquardt C. M&A decisions and US firms' voluntary adoption of clawback provisions in executive compensation contracts [J]. Journal of Business Finance & Accounting, 2015, 42 (1 – 2): 237 – 271.

[134] Bugeja M, Rosa R D, Duong L, Izan H. CEO compensation from M&As in australia [J]. Journal of Business Finance & Accounting, 2012, 39 (9 – 10): 1298 – 1329.

[135] Cadman B, Klasa S, Matsunaga S, Determinants of CEO Pay: A comparison of execu comp and non-execucomp firms [J]. Account Review, 2010, 85 (5): 1511 – 1543.

[136] Cammarano A, Caputo M, Lamberti E, Michelino F. Open innovation and intellectual property: A knowledge-based approach [J]. Management Decision, 2017, 55 (6): 1182 – 1208.

[137] Cassiman B, Colombo M G, Garrone P. The impact of M&A on the R&D process: An empirical analysis of the role of technological-and market-relatedness [J]. Research Policy, 2005, 34 (2): 195 – 220.

[138] Cassiman B, Valentini G. Open innovation: Are inbound and outbound knowledge flows really complementary? [J]. Strategic Management Journal, 2016, 37 (6): 1034 – 1046.

[139] Cefis E, Marsili O. Crossing the innovation threshold through mergers and acquisitions [J]. Research Policy, 2015, 44 (3): 698 – 710.

[140] Chahine S, Goergen M. Top management ties with board members: How they affect pay-performance sensitivity and IPO performance. Journal of Corporate Finance, 2014 (27): 99 – 115.

[141] Chang X, Fu K K, Low A, Zhang W R. Non-executive employee stock options and corporate innovation [J]. Journal of Financial Economics,

2015, 115 (1): 168 – 188.

［142］Chemmanur J C, Loutskina E, Tian X. Corporate venture capital, value creation, and innovation ［J］. Review of Financial Studies, 2014, 27 (8): 2434 – 247.

［143］Chen Y R, Chen C R, Chu C K. The effect of executive stock options on corporate innovative activities ［J］. Financial Management, 2014, 43 (2): 270 – 289.

［144］Chen Z A, Hung W Y, Li D H, Xing L. The impact of bank merger growth on CEO compensation ［J］. Journal of Business Finance & Accounting, 2017, 44 (9 – 10): 1398 – 1442.

［145］Cheng S J. R&D expenditures and CEO compensation ［J］. Accounting Review, 2004, 79 (2): 305 – 328.

［146］Chesbrough H. Open Innovation: A New Paradigm for Understanding Industrial Innovation. ［M］. Oxford: Oxford University Press, 2006.

［147］Chesbrough H. Open Innovation: The New Imperative for Creating and Profiting from Technology ［M］. Boston, MA: Harvard Business School Press, 2003a.

［148］Chesbrough H. The era of open innovation ［J］. MIT Sloan Management Review, 2003b, 44 (3): 35 – 41.

［149］Clay D. Institutional ownership, CEO incentives and firm value ［D］. United States of Illinois: The Universityof Chicago, 2000: 16 – 23.

［150］Cloodt M, Hagedoorn J, Van Kranenburg H. Mergers and acquisitions: Their effect on the innovative performance of companies in high-tech industries ［J］. Research Policy, 2006 (35): 642 – 654.

［151］Coakley J, Iliopoulou S. Bidder CEO and other executive compensation in UK M&As ［J］. European Financial Management, 2006, 12 (4): 609 – 631.

［152］Conyon M J. Executive compensation and incentives ［J］. Academy of Management Perspectives, 2006, 20 (1): 25 –44.

[153] Conyon M J, Hass L H, Vergauwe S, Zhang Z F. Foreign experience and CEO compensation [J]. Journal of Corporate Finance, 2019 (57): 102 –121.

[154] Conyon M J, He L. Compensation committees and CEO compensation incentives in US entrepreneurial firms [J]. Journal of Management Accounting Research, 2004, 16 (1): 35 –56.

[155] Conyon M J, Peck S I. Board control, remuneration committees, and top management compensation [J]. Academy of Management Journal, 1998, 41 (2): 146 –157.

[156] Core J E, Guay W R, Verrecchia R E. Price versus non-price performance measures in optimal CEO compensation contracts [J]. Accounting Review, 2003, 78 (4): 957 –981.

[157] Cowherd D M, Levine D I. Product quality and pay equity between lower-level employees and top management [J]. Administrative Science Quarterly, 1992, 37 (2): 302 –320.

[158] Crespin-Mazet F, Goglio-Primard K, Scheid F. Open innovation processes within clusters—the role of tertius iugens [J]. Management Decision, 2013, 51 (8): 1701 –1715.

[159] Currim I S, Lim J, Kim J W. You get what you pay for: The effect of top executives' compensation on advertising and R&D spending decisions and stock market return [J]. Journal of Marketing, 2012, 76 (5): 33 –48.

[160] Dah M A, Frye M B. Is board compensation excessive? [J]. Journal of Corporate Finance, 2017 (45): 566 –585.

[161] Datta S, Iskandar-Datta M, Raman K. Executive compensation and corporate diversification decisions [J]. Journal of Finance, 2001 (56): 2299 –2336.

[162] De Beule F, Van Beveren I. Sources of open innovation in foreign

subsidiaries: An enriched typology [J]. International Business Review, 2019, 28 (1): 135 – 147.

[163] Denicolo V, Polo M. Duplicative research, mergers and innovation [J]. Economics Letters, 2018 (166): 56 – 59.

[164] Denis D J, Denis D K, Sarin A. Agency problems, equity owner-ship, and corporate diversification [J]. Journal of Finance, 1997 (52): 135 – 160.

[165] Deutsch Y. The influence of outside directors' stock-option compen-sation on firms' R&D [J]. Corporate Governance-an International Review, 2007, 15 (5): 816 – 827.

[166] Devers C E, Wiseman R M, Holmes R M, The effects of endow-ment and loss aversion in managerial stock option valuation [J]. Academy of Management Journal, 2007, 50 (1): 191 – 208.

[167] Dew N, Sarasvathy S D. Innovations, stakeholders & entrepreneur-ship [J]. Journal of Business Ethics, 2007, 74 (3): 267 – 283.

[168] Dong Z Y, Wang C, Xie F. Do executive stock options induce ex-cessive risk taking? [J]. Journal of Banking & Finance, 2010, 34 (10): 2518 – 2529.

[169] Dye R A. The trouble with tournaments [J]. Economic Inquiry, 1984, 22 (1): 147 – 149.

[170] Ederer F, Manso G. Is pay for performance detrimental to innova-tion [J]. Management Science, 2013, 59 (7): 1496 – 1513.

[171] El-Khatib R, Fogel K, Jandik T. CEO network centrality and merger performance [J]. Journal of Financial Economics, 2015, 116 (2): 349 – 382.

[172] Entezarkheir M, Moshiri S. Is innovation a factor in merger deci-sions? Evidence from a panel of U. S. firms [R]. Working Paper, 2016.

[173] Faleye O, Reis E, Venkateswaran A. The determinants and

effects of CEO-employee pay ratios [J]. Journal of Banking & Finance, 2013, 37 (8): 3258 – 3272.

[174] Fang V W, Tian X, Tice S. Does stock liquidity enhance impede firm innovation? [J]. The Journal of Finance, 2014, 69 (5): 2085 – 2125.

[175] Federico G, Langus G, Valletti T. Horizontal mergers and product innovation [J]. International Journal of Industrial Organization, 2018, 59: 1 – 23.

[176] Felin T, Foss N J. Strategic organization: A field in search of micro-foundations [J]. Strategic Organization, 2005 (3): 441 – 455.

[177] Finkelstein S, Boyd B K. How much does the CEO matter? The role of managerial discretion in the setting of CEO compensation [J]. Academy of Management Journal, 1998, 41 (2): 179 – 199.

[178] Firth M, Fung P M Y, Rui O M. How ownership and corporate governance influence chief executive pay in China's listed firms [J]. Journal Business Research, 2007, 60 (7): 776 – 785.

[179] Francis B B, Hasan I, Sharma Z. Incentives and innovation: evidence from CEO compensation contracts [A]. Working Paper, 2011.

[180] Garriga H, Von Krogh G, Spaeth S. How constraints and knowledge impact open Innovation [J]. Strategic Management Journal, 2013, 34 (9): 1134 – 1144.

[181] Geyskens I, Steenkamp J B E M, Kumar N. Make, buy, or ally: A transaction cost theory meta-analysis [J]. Academy of Management Journal, 2006, 49 (3): 519 – 543.

[182] Gilpatric S M. Cheating in contests [J]. Economic Inquiry, 2011, 49 (4): 1042 – 1053.

[183] Grigoriou K, Rothaermel F T. Structural microfoundations of innovation [J]. Journal of Management, 2013, 40 (2): 586 – 615.

[184] Grinstein Y, Hribar P. CEO compensation and incentives: Evi-

dence from M&A bonuses [J]. Journal of Financial Economics, 2004, 73 (1): 119 - 143.

[185] Groysberg B, Lee L-E, Nanda A. Can they take it with them? The portability of star knowledge workers' performance [J]. Management Science, 2008 (54): 1213 - 1230.

[186] Gupta A K, Tesluk P E, Taylor M S. Innovation at and across multiple levels of analysis [J]. Organization Science, 2007, 18 (6): 885 - 897.

[187] Hart O, Holmström B. A Theory of firm scope [J]. Quarterly Journal of Economics, 2010, 125 (2): 483 - 513.

[188] Haspeslagh P C, Jemison D B. Managing Acquisitions [M]. The Free Press, 1991.

[189] Haubrich J. Risk aversion, performance pay and the principal-agent problem [J]. Journal of Political Economy, 1994 (102): 258 - 276.

[190] He J J, Tian X. The dark side of analyst coverage: The case of innovation [J]. Journal of Financial Economics, 2013, 109 (3): 856 - 878.

[191] Helfat C E, Quinn J B. Open innovation: The new imperative for creating and profiting from technology [J]. Academy of Management Perspectives, 2006, 20 (2): 86 - 88.

[192] Hitt M A, Robert E, Hoskisson R, Duane I, Jeffrey S H. Effects of acquisitions on R&D inputs and outputs [J]. Academy of Management Journal, 1991, 34 (3): 693 - 706.

[193] Hoi C K, Wu Q, Zhang H. Does social capital mitigate agency problems? Evidence from Chief Executive Officer (CEO) compensation [J]. Journal of Financial Economics, 2019, 133 (2): 498 - 519.

[194] Holmström B. Moral hazard and observability [J]. The Bell Journal of Economics, 1979: 74 - 91.

[195] Holmström B. Agency costs and innovation [J]. Journal of Economic Behavior & Organization, 1989, 12 (3): 305 - 327.

［196］Hottenrott H, Peters B. Innovative capability and financing constraints for innovation: More money, more innovation? ［J］. Review of Economics and Statistics, 2012, 94 (4): 1126 – 1142.

［197］Hsieh C T, Huang H C, Lee W L. Using transaction cost economics to explain open innovation in start-ups ［J］. Management Decision, 2016, 54 (9): 2133 – 2156.

［198］Huang F, Rice J, Martin N. Does open innovation apply to China? Exploring the contingent role of external knowledge sources and internal absorptive capacity in Chinese large firms and SMEs ［J］. Journal of Management & Organization, 2015, 21 (5): 594 – 613.

［199］Jensen M C, Meckling W H. Theory of the firm: Managerial behavior, agency costs and ownership structure ［J］. Journal of Financial Economics, 1976, 3 (4): 305 – 360.

［200］Jensen M C. Agency costs of free cash flow, corporate finance, and takeovers ［J］. The American economic review, 1986, 76 (2): 323 – 329.

［201］Jensen M C, Murphy K J. Performance pay and top – management incentives ［J］. Journal of Political Economy, 1990, 98 (2): 225 – 264.

［202］Jung D, Chow C, Wu A. Towards understanding the direct and indirect effects of CEOs' transformational leadership on firm innovation ［J］. The Leadership Quarterly, 2008, 19 (5): 582 – 594.

［203］Kannan-Narasimhan R, Lawrence B S. How innovators reframe resources in the strategy-making process to gain innovation adoption ［J］. Strategic Management Journal, 2018, 39 (3): 720 – 758.

［204］Kato T, Long C, Executive turnover and firm performance in China ［J］. American Economic Review, 2006, 96 (2): 363 – 367.

［205］Kren L, Kerr J L. The effects of outside directors and board shareholdings on the relation between chief executive compensation and firm performance ［J］. Accounting and Business Research, 1997, 27 (4): 297 – 309.

[206] Kuang X, Moser D V. Reciprocity and the effectiveness of optimal agency contracts [J]. Accounting Review, 2009, 84 (5): 1671 - 1694.

[207] Lazear E, Rosen S. Rank order tournaments as optimal salary schemes [J]. Journal of Political Economy, 1981, 89 (5): 841 - 864.

[208] Lazonick W. The theory of the market economy and the social foundations of innovative enterprise [J]. Economic and Industrial Democracy, 2003, 24 (1): 9 - 44.

[209] Lee G, Cho S Y, Arthurs J, Lee E K. CEO pay inequity, CEO-TMT pay gap, and acquisition premiums [J]. Journal of Business Research, 2019 (98): 105 - 116.

[210] Lee S, Park G, Yoon B. Park J. Open innovation in SMEs-an intermediated network model [J]. Research Policy, 2010, 39 (2), 290 - 300.

[211] Lerner J, Wulf J. Innovation and incentives: Evidence from corporate R&D [J]. The Review of Economics and Statistics, 2007, 89 (4): 634 - 644.

[212] Lichtenthaler U, Lichtenthaler E A. Capability-based framework for open innovation: Complementing absorptive capacity [J]. Journal of Management Studies, 2009, 46 (8): 1315 - 1338.

[213] Lin Y F, Yeh Y M C, Shih Y T. Tournament theory's perspective of executive pay gaps [J]. Journal of Business Research, 2013, 66 (5): 585 - 592.

[214] Main B G, O'Reilly C A, Wade J. Top executive pay: Tournament or teamwork? [J]. Journal of Labor Economics, 1993, 11 (4): 606 - 628.

[215] Makri M, Hitt M A, Lane P J. Complementary technologies, knowledge relatedness, and invention outcomes in high technology mergers and acquisitions [J]. Strategic Management Journal, 2010, 31 (6): 602 - 628.

[216] Makri M, Lane P J, Gomez-Mejia L R. CEO incentives, innovation, and performance in technology-intensive firms: A reconciliation of outcome

and behavior-based incentive schemes [J]. Strategic Management Journal, 2006, 27 (11): 1057 – 1080.

[217] Manso G. Motivating innovation [J]. Journal of Finance, 2011, 66 (5): 1823 – 1860.

[218] Mazouz K, Zhao Y. CEO incentives, takeover protection and corporate innovation [J]. British Journal of Management, 2019, 30 (2): 494 – 515.

[219] Minnick K, Unal H, Yang L. Pay for performance? CEO compensation and acquirer returns in BHCs [J]. The Review of Financial Studies, 2010, 24 (2): 439 – 472.

[220] Morck R, Schwartz E, Stangeland D. The valuation of forestry resources under stochastic prices and inventories [J]. Journal of financial and Quantitative Analysis, 1989, 473 – 487.

[221] Murphy K J. Executive compensation [M] //in Ashenfelter & Card Eds. Handbook of labor economics, 1999: 2485 – 2563.

[222] Naqshbandi M M, Tabche I, Choudhary N. Managing open innovation [J]. Manage Decision, 2019, 57 (3): 703 – 723.

[223] Ornaghi C. Mergers and innovation in big pharma [J]. International Journal of Industrial Organization, 2009, 27 (1): 70 – 79.

[224] Phillips G M, Zhdanov A. R&D and the incentives from merger and acquisition activity [J]. Review of Financial Studies, 2013, 26 (1): 34 – 78.

[225] Podmetina D, Soderquist K E, Petraite M, Teplov R. Developing a competency model for open innovation: From the individual to the organisational level [J]. Management Decision, 2018, 56 (6): 1306 – 1335.

[226] Prasad B, Junni P. CEO transformational and transactional leadership and organizational innovation: The moderating role of environmental dynamism [J]. Management Decision, 2016, 54 (7): 1542 – 1568.

[227] Prendergast C. The provision of incentives in firms [J]. Journal of

Economic Literature, 1999 (37): 7 –63.

[228] Rajan R G, Zingales L. Power in a theory of the firm [J]. The Quarterly Journal of Economics, 1998, 113 (2): 387 –432.

[229] Ranft A L, Lord M D. Acquiring new technologies and capabilities: A grounded model of acquisition implementation [J]. Organization Science, 2002, 13 (4): 420 –441.

[230] Renneboog L, Zhao Y. Us knows us in the UK: On director networks and CEO compensation [J]. Journal of Corporate Finance, 2011, 17 (4): 1132 –1157.

[231] Rhodes-Kropf M, Robinson D T. The market for mergers and the boundaries of the firm [J]. Journal of Finance, 2008, 63 (3): 1169 –1211.

[232] Rhodes A. The relation between earnings-based measures in firm debt contracts and CEO pay sensitivity to earnings [J]. Journal of Accounting & Economics, 2016, 61 (1): 1 –22.

[233] Schumper J A A. The Theory of Economic Development [M]. Harvard University: Harvard University Press, 1934.

[234] Seru A. Firm boundaries matter: Evidence from conglomerates and R&D activity [J]. Journal of Financial Economics, 2014, 111 (2): 381 – 405.

[235] Sevilir M, Tian X. Acquiring innovation [C]. AFA 2012 Chicago Meetings Paper, 2012.

[236] Shaw K W, Zhang M H. Is CEO cash compensation punished for poor firm performance? [J]. The Accounting Review, 2010, 85 (3): 1065 – 1093.

[237] Shen C H H, Zhang H. CEO risk incentives and firm performance following R&D increases [J]. Journal of Banking & Finance, 2013, 37 (4): 1176 –1194.

[238] Shi W, Connelly B L, Sanders W. Buying bad behavior: Tour-

nament incentives and securities class action lawsuits [J]. Strategic Management Journal, 2016, 37 (7): 1354 – 1378.

[239] Shin T. Fair pay or power play? Pay equity, managerial power, and compensation adjustments for CEOs [J]. Journal of Management, 2013, 42 (2): 419 – 448.

[240] Smith C W, Stulz R M. The determinants of firms' hedging policies [J]. Journal of financial and quantitative analysis, 1985: 391 – 405.

[241] Stiebale J, Reize F. The impact of FDI through mergers and acquisitions on innovation in target firms [J]. International Journal of Industrial Organization, 2011, 29 (2): 155 – 167.

[242] Stulz R M. Managerial control of voting rights [J]. Journal of Financial Economics, 1988 (20): 25 – 54.

[243] Stulz R M. Managerial discretion and optimal financing policies [J]. Journal of Financial Economics, 1990 (26): 3 – 27.

[244] Sun B, Ao R, Peng B, Liu S. Pay disparities within top management teams, marketization and firms' innovation: evidence from China [J]. Journal of the Asia Pacific Economy, 2021, 1 (1): 1 – 21.

[245] Sun J, Cahan S. The effect of compensation committee quality on the association between CEO cash compensation and accounting performance [J]. Corporate Governance: An International Review, 2009, 17 (2): 193 – 207.

[246] Szücs F. M&A and R&D: Asymmetric effects on acquirers and targets? [J]. Research Policy, 2014, 43 (7): 1264 – 1273.

[247] Tan J. Innovation and risk-taking in a transitional economy: A comparative study of Chinese managers and entrepreneurs [J]. Journal of Business Venturing, 2001, 16 (4): 359 – 376.

[248] Tosi H L, Werner S, Katz J P. How much does performance matter? A meta-analysis of CEO pay studies [J]. Journal of Management, 2000,

26 （2）：301 – 339.

［249］Tsao S M, Lin C H, Chen V Y S. Family ownership as a moderator between R&D investments and CEO compensation ［J］. Journal of Business Research, 2015, 68 （3）：599 – 606.

［250］Van Essen M, Otten J, Carberry E J. Assessing managerial power theory：A meta-analytic approach to understanding the determinants of CEO compensation ［J］. Journal of Management, 2015, 41 （1）：164 – 202.

［251］Vermeulen F, Barkema H. Learning through acquisitions ［J］. Academy of Management Journal, 2001, 44 （3）：457 – 476.

［252］Williams M A, Rao R P. CEO stock options and equity risk incentives ［J］. Journal of Business Finance & Accounting, 2006, 33 （1 – 2）：26 – 44.

［253］Williams M L, McDaniel M A, Nguyen N T. A meta-analysis of the antecedents and consequences of pay level satisfaction ［J］. Journal of Applied Psychology, 2006 （91）：392 – 413.

［254］Williamson O E. Markets and hierarchies：Analysis and antitrust implication ［M］. New York：Free Press, 1975.

［255］Wu J, Tu R. CEO stock option pay and R&D Spending：A behavioral agency explanation ［J］. Journal of Business Research, 2007, 60 （5）：482 – 492.

［256］Xue Y F. Make or buy new technology：The role of CEO compensation contract in a firm's route to innovation ［J］. Review of Accounting Studies. 2007, 12 （4）：659 – 690.

［257］Yanadori Y, Cui V. Creating incentives for innovation? The relationship between pay dispersion in R&D groups and firm innovation performance ［J］. Strategic Management Journal, 2013, 34 （12）：1502 – 1511.

［258］Yao Y H, Locke E A, Jamal M. On a combined theory of pay level satisfaction ［J］. Journal of Organizational Behavior, 2018, 39 （4）：

448 – 461.

［259］Zahra S A, Neubaum D O, Huse, M. Entrepreneurship in medi-um-size companies: Exploring the effects of ownership and governance systems ［J］. Journal of Management, 2000, 26（5）: 947 – 976.

［260］Zahra S A, Priem R L, Rasheed A A. The antecedents and con-sequences of top management fraud ［J］. Journal of Management, 2005, 31（6）: 803 – 828.

［261］Zhao X. Technological innovation and acquisitions ［J］. Manage-ment Science, 2009, 55（7）: 1170 – 1183.

［262］Zhong X, Wan H, Ren G. Can TMT vertical pay disparity pro-mote firm innovation performance? The moderating role of CEO power and board characteristics ［J］. European Journal of Innovation Management, 2021（Forthcoming）.

后　记

　　自从迈进企业并购研究的大门，我就一直在思索并购究竟能为企业、为社会带来什么。这个问题的答案是企业并购的意义所在，也是企业并购研究的意义所在。本书的出版正值"两个一百年"奋斗目标的历史交汇点，也是百年未有之大变局与新冠肺炎疫情叠加的极其特殊的时期。"创新"在这样特殊的关键节点，成为中国发展命题的重中之重。企业并购对企业乃至国家创新能力建设之作用，也是并购界学者孜孜以求、不懈深耕的重要方向。本书立足基于并购的开放式创新模式下的薪酬激励问题，希望将带有开放式创新特点的并购活动拉入企业创新的研究范畴，以一种新型的创新模式融入创新的理论框架，尝试在企业并购与创新之间搭建起一座路途更近的桥梁。所以，本书相关研究内容的顺利完成，首先要感恩这个伟大时代赋予我的思考机会和研究条件。

　　从开始研究"基于并购的开放式创新"的相关问题起，就常有人问我："究竟应该称为基于并购的创新，还是基于创新的并购？"这是一个好问题，因为每次追问都会让我走进更深层次的逻辑中去探寻并购与创新之间关系的本质。经过反复的辨析，这一问题已不再令我感到困惑。在以创新为目标的并购中抑或是在以并购为方式的创新中，"并购"是手段、是方法，而"创新"则是目标、是结果。并购作为一种企业的经营手段，被赋予具体的使命才有其价值。所以，无论是通过并购来实现何种目标，经营活动的实质已经超越并购的内涵本身，其所承载使命的内涵也已经或多或少突破了并购本身的概念边界。我并不是要去强调并购在概念上的局限，而是希望并购与创新内涵之间交集的特定含义——一种以并购为手段的创新范式，能够予以重视。同时，也应该重视那些不同领域概念相互碰撞所产生的交集对于研究者的非凡价值。

基于并购的开放式创新的激励问题，因其产生于概念交集中，所以不能简单地套用一般意义上的自建式创新或开放式创新的理论，要结合并购的特征去做机理异质性上的讨论。本书通过分析基于并购的开放式创新的创新主体特征、创新不确定性特点、创新成果形成规律，发现了若干与已有研究所关注的自建式创新投资所不同的特点，这也决定了基于并购的开放式创新应该有适应自身特征的激励机制。那些机制的特征在结论中已经做过阐述，此处不再赘述。在本研究的开展中我也常被问到：是基于并购的开放式创新决定了薪酬激励还是薪酬激励决定了基于并购的开放式创新？这是一个完整逻辑链条的两个环节。有符合基于并购的开放式创新特点的薪酬激励机制，才会有更高效率的创新活动与创新产出。本研究所探讨的正是这一逻辑起点上的关键，而对于基于并购的开放式创新的激励机制后果问题，我也已经着手开始进一步的研究。

本书是在我的博士学位论文的基础上，经过数轮反复修改，最终定稿。在博士论文的写作过程和本书出版过程中得到了多方支持，在此表示感谢。

首先，感谢我的博士生导师北京交通大学崔永梅教授，本研究的方向选择、开题、撰写、修改和定稿，都离不开崔老师的悉心指导和批评指正。其次，感谢北京交通大学张秋生教授、马忠教授、周绍妮教授、程小可教授、中国人民大学宋华教授、北京师范大学郝颖教授、华东交通大学及经济管理学院的领导同事在本研究开展与专著出版中给予的支持和帮助。在此我还要特别感谢我的家人。感谢辛苦将我养育长大的爸爸妈妈，感谢他们一直以来对我的教诲，感谢他们对我的无私奉献，也感谢我的老公梁勇对我的支持。最后，特别感谢经济科学出版社的编辑对本书出版付出了大量的心血。

由于研究成果具有一定的探索性和创新性，加之本人水平有限，书中疏漏之处在所难免，恳请大家批评指正。

郑雅君

2021 年 12 月于华东交通大学